Björn Hayer

Grenzenlose Passion
Die Liebe bei Marguerite Duras

— edition essay —

Björn Hayer ist Literatur- und Theaterkritiker (u. a. für FR, der Freitag, taz, SZ, DLF Kultur und Cicero) sowie Autor von Essay-, Lyrik- und Prosabänden, darunter »Elegie für dich« (2022), »Verschwörung einer Landschaft« (2022) und »Sinn und Unheil. Eine Ästhetik des Schmerzes« (2023). Außerdem arbeitet der habilitierte Literaturwissenschaftler als Privatdozent an der RPTU Kaiserslautern-Landau.

Björn Hayer

Grenzenlose Passion

Die Liebe bei Marguerite Duras

Bibliografische Information der Deutschen Nationalbibliothek
Die Deutsche Nationalbibliothek verzeichnet diese Publikation in der Deutschen Nationalbibliografie; detaillierte bibliografische Daten sind im Internet über www.dnb.de abrufbar.

ISBN 978-3-68930-004-3

Umschlagabbildung: Marguerite Duras and Yann Andréa
© Marion Kalter / akg-images

Levelingstraße 6a, 81673 München
www.etk-muenchen.de

Satz: Claudia Wild, Konstanz
Druck und Buchbinder: Laupp & Göbel GmbH, Robert-Bosch-Straße 42, 72810 Gomaringen

Inhalt

Der Funkenschlag

»Man wäre seiner eigenen Liebe niemals gewachsen. Als gehörte uns die Liebe nicht. Als brauchte sie uns, als brauchte sie die Leute aus dem Buch, die Leute, die ich mit Ihnen betrachte, während ich schreibe. Ja, die Liebe braucht diese Geschichten, die ich zu Ihnen sage, unsere Geschichte, diese Liebe zwischen Ihnen und mir, die Sie krank macht, die Sie dazu bringt, mich verlassen zu wollen, von mir wegzugehen, als wäre das möglich. Liest man die Geschichte, so erkennt man den Versuch zu lieben.«[1]

Nein, diese Sätze stammen nicht von Marguerite Duras, obgleich man sie, was Timbre, Stil und Dynamik anbelangt, gern dafür halten mag. Es sind kreisende Worte, gefasst in eine Lakonie, die mehr aussparen als aussagen will. Sie stammen von jemandem, der dem Schreiben der Autorin absolut verfallen war, Yann Andréa, ihrem fast vierzig Jahre jüngeren Geliebten. Er, ein homosexueller Student aus einer jüdischen Familie, verbrachte mit der Autorin nicht nur ihre letzten sechzehn Jahre, begehrte sie nicht nur intellektuell und pflegte sie darüber hinaus, ferner ertrug er all ihre Kapriolen und Allüren, sondern begleitete sie gleichsam als Muse und Sprachgefährte. Er tippte, was sie diktierte, sie, die zur Ikone einer ganzen Generation avancierte und mit ihrem Namen beinah schon eine eigene Gattung begründen konnte. »Alles wurde von dir geschrieben, durch diesen Körper, den du hast«, wird ihm Duras wenige Monate vor ihrem Tod mitteilen. Worte, die wie ein später, aber umso ehrlicherer Dank, wie das Resümee einer großen, gemeinsamen Ära anmuten.[2]

Zu zweit verbrachten sie die Jahre in Duras' fiktionalen Texten, sie litten mit all den Frauen ihres sich im Laufe der Dekaden immer weiter ausdehnenden Kosmos, die sich zumeist mit reichlich Verve und Passion, getrieben von Phantasmen und unerfüllten Sehnsüchten, ins Unglück stürzen. Marguerite und Yann begeisterten sich für die literarischen Figuren, mit ihren Verzückungen und ihrem Leiden. Diese bewohnten das Land, in dem gleichsam ihre Schöpferin und ihr innigster Vertrauter lebten. Von außen betrachtet scheint es so, als wären die beiden in diese imaginären *relations amoureuses* geflohen, weil sie ihrer Liebe zueinander nicht gewachsen waren: dieser unmöglichen Liebe zwischen einer Frau, die Bücher schrieb, und einem um Jahrzehnte jüngeren Träumer, Schwärmer und damals hoffnungslos Depressiven – eine zunächst nicht unberechtigte Annahme. Denn wie Yann schreibt, trug diese Beziehung immer wieder auch toxische Züge, aufgrund unterschiedlicher Temperamente und Erfahrungen. Doch einander zu verlassen war keine Option. So blieb den beiden allein ein Universum jenseits der physischen Existenz. Man musste schreiben, um einen gemeinsamen Raum zu hegen. Marguerite sollte ihr Gelübde für ihren letzten Liebhaber – trotz aller Vorbehalte und Herausforderungen – jedenfalls mehrfach während ihres letzten Jahres bekunden: »Ich werde Sie lieben bis zu meinem Tod«,[3] hält sie noch bis zum Schluss fest.

Ja, die höchst produktive Phase der beiden eigenwilligen und so unterschiedlichen Romanciers glich einem Experiment. Gleiches trifft im Übrigen auf all die Formen des Liebens und Begehrens in Duras' Texten, Filmen und Theaterstücken zu. Nur was sagen diese Zeugnisse über die größte Anziehungskraft auf Erden aus? Im Folgenden wird der Frage nachgegangen, wie sich Realität und Fiktion zueinander verhalten; ob die Zeugnisse der Partnerschaft biografischer Natur sind oder erfunden wurden. Auch der indonesische Dschungel, in dem Duras aufwuchs, und die Erfahrung beider Weltkriege als Einfluss auf ihr Schaffen sowie ihre Empfänglichkeit für bestimmte Geschichten werden untersucht.

Begreift man ihr lebenslanges Ringen um die passenden Worte als ein fortschreitendes Ertasten und Erforschen an und über die Liebe, so offenbart sich deren gesamte Bandbreite. Sie schließt Ekstase und Zerstörung gleichermaßen ein. So lebte sie auch: als unstete Wanderin des Sehnens. Sie liebte der Liebe wegen, sie folgte der Lust auf unzählige Affären. Ganz so, als gelte es zehn Leben auf einmal zu leben, ohne je die eigene Freiheit aufzugeben. Ihr galt die Existenz als Verbrauch für die Liebe, als Weise grenzenloser Leidenschaft, mitsamt ihrer unauslotbaren und nicht mehr einzudämmenden Sprengkraft. Sie strebte unentwegt zur »Höhe des verlorenen Traums«,[4] dorthin, wo dauerhafte Zweisamkeit dem ewigen Abgrund gleicht.

Duras' Abenteuer und Lieben sind ihr Reservoir, aus dem sie schöpft, mithin der Stoff, aus dem Weltliteratur entsteht. Sie hält fest, was der Wind der Zeit verweht oder ansonsten ausschließlich dem Inneren eines erlebenden Menschen vorbehalten wäre. In Anbetracht dieser Vielfalt des Großsujets kann es nur eine Annäherung geben. Zudem lässt sich Grenzenloses schwer in Worte fassen. Daher bewahren viele Figuren, Blicke und Berührungen in Duras' Werkkosmos auch ihr Geheimnis. Es ist das Ungesagte, das Zwischen-den-Zeilen, oft das schwer Entschlüsselbare einer »Verweigerungsästhetik«,[5] die die Essenz ihres amourösen Schreibens kennzeichnet. Ihre Übersetzerin, die Schriftstellerin Ilma Rakusa, beschreibt ihren Stil so: »Der Duras-Sound ist

Ergebnis einer Sprachhandhabung, deren Wiederholungsmagie den leitmotivischen Wiederholungen im Werk der Autorin entspricht. Fülle ist bei Duras eine Sache der Variation; Konsequenz eine Frage der Ökonomie. Inhaltlich und sprachlich frönt Duras der Leidenschaft der Reduktion, um den Pausen, den Zwischenräumen, dem Ungesagten zum Ausdruck zu verhelfen. Was ihrem Schreiben etwas Schwebendes, mitunter auch Geheimnisvolles verleiht.«[6]

Oft gibt es in diesen luftigen Höhen kein Halten. Man wird geworfen ins Kosmische, in die arkanen Tiefebenen der Gefühle, die weder einer Ratio noch einer Logik folgen. Umso weniger, weil Duras' Lakonie an allem spart. Sie ist die »Schriftstellerin der Parataxe«.[7] Statt zu erklären und auszuformulieren, statt sich mit Kausalitäten aufzuhalten, und ornamentalen Stilballast zu produzieren, entwickelt sie ein Schreiben im Zeichen des Verzichtes. Sie schält die Sprache in minimalistischer Manier, bis nur noch bloße Essenz übrig bleibt. Diese dient dann bisweilen zur Evokation eines geradezu biblischen Pathos. Von einer »Kostbarkeit« lässt sich sprechen, einer, die Worten »ihren wahren Klang, ihre ganze Fülle, ihre Herrlichkeit verleiht«.[8]

Die zeichenhafte Verknappung führt sodann die gesamte Wahrnehmung eng – auf Details, Emotionen, kaum greifbare Momentaufnahmen und insbesondere auf Blicke, Blicke und immer wieder Blicke. Wir werden ganzer ungeschriebener, sich im Kopf ausformender Monologe des Schauens und Beobachtens gewahr, bemerken zudem all die kleine Gesten, die Großes bedeuten können. Über alldem regiert die Lust. Es geht um pures Sich-Verzehren am Gegenwärtigen, was nicht selten in einen regelrechten Liebeswahn mündet. Gefasst sind die Eskapaden in eine sprachökonomische Kargheit, bildlich gesprochen: Eingehegt von Wüsten der Worte, unterliegt den Texten Duras' auch die Erfahrung ihres zeitweise einfachen und armen Lebens. Im indochinesischen Dschungel, dem Ort ihrer Kindheit, gab es nichts anderes außer Hitze und wilde Tiere. Und selbst das Erwachsenwerden in dieser Einöde brachte anfangs kaum Erweiterungen der eigenen Handlungsmöglichkeiten mit sich. Marguerite gehörte trotz ihrer privilegierten Hautfarbe gegenüber der asiatischen Bevölkerung zu den Mittellosen.

Selbstverständlich lässt sich ihr Werk nicht auf den Einfluss der Erfahrungen von materieller und gesellschaftlicher Ungleichheit jener Jahre herunterbrechen. Nein, zu viel trank die spätere Alkoholikerin und Tablettensüchtige vom hochprozentigen Elixier des Begehrens. Sie kannte das gleißende Licht der Epiphanie, den Rausch und auch Finsternis, in alledem offenbart sich das Amouröse. Immer als das einzig Wahre, aber eben nie lebbare. Davon lässt sich mit Bestimmtheit reden.

Liebe, Macht und Archetypen

Die Schriftstellerin Marguerite Duras konnte und wollte nicht vergessen. Dies galt für sämtliche Erfahrungen ihres Aufwachsens in Indochina, dem heutigen Vietnam. Wie eine Großmetapher breitet sich der tropische Urwald in ihren Texten aus. Vielleicht auch, weil diese Landschaft selbst so viel erzählt. In den Worten der Duras-Biografin Frédérique Lebelley: »An der Schwelle einer mit Meer und Himmel verschmelzenden Erde, einer Urwelt gleich, in der die drei Elemente noch eine Einheit bilden, ist sie geboren. Eine Schlammwüste, die verbissen ihre Zugehörigkeit zum Kontinent behauptet, den Überschwemmungen und den Brandwunden des Salzes zum Trotz.«[9]

Es liegt eine starke Spannung in dieser Landschaftsbeschreibung, unterschiedliche Materialien und Stoffe prallen aufeinander, Energien verschwenden sich, genauso wie in den späteren Romanen der Autorin. Es war der »Ort der Unendlichkeiten, wo der Blick überall dem Ganzen begegnet«.[10] Er war verbotenes Gelände, das die Kinder immer wieder anzog, um dem tristen Alltag aus sengender Sonne und Aussichtslosigkeit und – insbesondere im Fall von Duras – der Armut zu entfliehen. Daher erwies sich der Dschungel als »ein Zauberland für das kreolische Kind«,[11] dessen Abenteuermut sich nicht von Tigern und Schlangen zurückschrecken ließ.

Die Erkundungen nicht gerade ungefährlicher Gegenden waren mithin überlebensnotwendig, vor allem für den jungen Geist, dem keine Grenze heilig erschien. Ungeachtet der sozialen Barrieren, die infolge einer fatalen Fehlinvestition ihrer Mutter lange unüberwindlich anmuteten. Ohne die korrupten Praktiken der örtlichen Behördenvertreter zu kennen, erwarb sie, die als Grundschullehrerin die einheimischen Kinder unterrichtete, mit den letzten finanziellen Ressourcen einen unrentablen Ackergrund. Regelmäßig wurde das Konzessionsgebiet vom Monsun überschwemmt, sodass kein Reiskorn wachsen konnte. Kleider wurden im Hause Donnadieu, so der eigentliche Name hinter dem Pseudonym Duras, regelmäßig geflickt und zu essen gab es oft nur das Geflügel der Sümpfe, hieß: Stelzenvogel. Die junge Marguerite musste daher eine höchst paradoxe Erfahrung machen: Obwohl sie als Weiße zu den Privilegierten in der französischen Kolonie zählte, waren die Umstände für die Familie und die verwitwete, alleinerziehende Mutter höchst prekär. Mehrfach scheiterte sie mit ihren Eingaben um Rücknahme des unnützen Ackergeländes an der Macht und Ignoranz der Beamten. Sowohl die Natur des Pazifiks als auch der Staat hatten sich offenbar gegen sie verschworen. Die gebildete Frau legte sich daher einen Panzer aus Verbitterung und Verzweiflung zu. Auch in emotionaler Hinsicht gegenüber ihren Kindern. Zwar ließ es die Mutter der Tochter an nichts in Sachen Bildung fehlen, aber eine ausgeprägte, wertschätzende Liebe wurde ihr hierbei nicht zuteil. Die Mutter war eben »eine Frau, die sogar an der Hoffnung verzweifelte«.[12] Und Zeit ihres Lebens sollte Duras der Zweifel über die schwierige Beziehung zu ihr quälen, bis sie sich zu der späten Überlegung, geäußert gegenüber Yann Andréa, durchringen sollte: »Vielleicht hat meine Mutter mich ja doch geliebt.«[13]

Die fehlende Zuneigung hatte Folgen, allen voran für das Schreiben. Jedweder Romantik abgewandt, entwickelte sie als Schriftstellerin einen von Kälte und Minimalismus gekennzeichneten Stil, einen, der das Gegenüber stets von außen betrachtet und Psychologisierungen vermeidet. Dies gilt im besonderen Maße für die literarische Auseinandersetzung mit amourösen Begegnungen in einer zutiefst patriarchalen Kultur. Die Liebe holte sich die junge Marguerite anderswo – einen Kreislauf beschreitend, der sich in ihrem Werk auf Ebene der Formgestaltung in markanten Wiederholungsschleifen niederschlug. So wie die Autorin ständig emotionale Spannungen aufbaut und sie derart zuspitzt, dass ihre Protagonisten bisweilen schmerzlich daran verzweifeln, so finden sich insbesondere in Bezug auf die amourösen Konstellationen bestimmte Figuren in unterschiedlichsten Werken wieder. Ilma Rakusa bezeichnet diese Schreibstrategie als »metonymisches Verfahren, das Duras auf allen Ebenen praktiziert: die Figuren, die Namen werden verschoben, variiert; desgleichen die hybriden Schauplätze«.[14] Allen voran erscheint die Gestalt der Anne-Marie Stretter im Film »India Song« (1975) als einer der wesentlichen Archetypen, der durch viele von Duras' Heldinnen und Anti-Heldinnen durchschimmert. Die Figur geht auf gleich mehrere reale Begegnungen aus ihrer Jugend zurück. Eine basiert auf einem epiphanischen Moment im Jahr 1926, als die junge Marguerite eine Frau auf den Straßen Saigons erblickte, die mit einem seidenen Kleid, hohen Schuhen und schwarzen Haaren eine Verzauberung, ja Bestürzung hervorrief.[15]

Eine andere Quelle für die mythisierte Gestalt der Stretter verweist auf Duras' Kindheit. »Mit acht Jahren entdeckt Marguerite, daß man aus Liebe sterben kann«, notiert Marc Saporta trefflich.[16] Es geht um den Fall Elizabeth Striedter: Sie war die Frau des Botschafters. Nachdem sie sich für ihn von ihrem Partner getrennt hatte, wählte der Zurückgelassene den Freitod. Für Duras fußten in dieser toxischen Form der Liebe gleich mehrere Geschichten. Zuerst jene, die sie in »Die Verzückung der Lol V. Stein« (1964)[17] verarbeitet. Die titelgebende Heldin Lola Valérie Stein erleidet einen existenziellen Verlust – und wird darüber irre. Während eines Kasinobesuchs in S. Thala (fiktiver Ort in Indien) taucht unversehens die große *femme fatale*, Anne-Marie Stretter, auf. Wie vom Teufel gebannt verliebt sich ihr Verlobter, Michael Richardson, in die attraktive Frau und folgt ihr. Fortan beschreibt Duras den Wahnsinn, der von der Achtzehnjährigen Besitz ergriffen hat. Ähnlich dürfte es eben diesem Michael in »Der Vize-Konsul« (1966) ergangen sein, als er von den zahlreichen Seitensprüngen seiner Geliebten Anne-Marie Stretter erfährt. Zu den namhaften Liebhabern zählt der titelgebende Beamte, seinerseits französischer Verwalter von Lahore und ein Mann der übelsten Sorte, der rücksichtslos Leprakranke erschießt. Nun wird er zum Opfer, wiederum durch den Anblick der schönen Frau des Botschafters. Die Begegnung in Kalkutta ist von einer derartigen Wucht, dass er auf einem Ball zu schreien beginnt. Sie bleibt davon unberührt. Sie schwebt in ihren Sphären, entführt die Männer mit dionysischer Verve auf ihre Inseln der Liebe, um sodann am Ende der Geschichte einfach wieder zu verschwinden. Einzig einen Morgenmantel wird sie am Strand zurücklassen.

So wie in »Der Vize-Konsul« beginnt auch in der Story um Lol V. Stein der Wahnsinn mit einem Schrei, der vielleicht zu dem archaischen Urmotiv für den Selbstverlust in der Liebe bei Duras avanciert. Sie lässt es nicht bei Blicken bewenden, mit denen so oft in Duras' Kosmos Verzauberung und Unheil einhergehen. Nein, sie lässt die Figur auf dem Ball schreien: aus Verzweiflung, aus Verlustangst, aus unerfüllter Liebe? Jedenfalls richtet sich ihr Schrei gegen die Konventionalisierung öffentlichen Verhaltens, gegen eine

Liebe, die »nur einer kulturelle[n] Vorschrift [gleicht], was man sich dabei vorzustellen hat, wie man eine Liebe anzufangen hat, was man zu erwarten hat, was man verlangen kann«.[18] Gegen all diese Vorschriften opponiert Lol V. Stein. Sie zielt auf den Beginn, die Dauer und ebenso die Art und Weise der Trennung. Nichts davon vermag sie in diesem Moment des Niedergangs aller Gewissheiten hinzunehmen oder gar zu ertragen. Vielleicht weil sie aus dem Paradies vertrieben wurde, in dem sie kaum richtig angekommen war. Stretter und Richardson ziehen am Ende der tragischen Nacht jedenfalls an ihr vorüber, hinein in die Gärten.[19] Es folgt eine typische Szene im Werk der Duras, in der sich Erschöpfung, sinnloses Warten der Figuren, außerdem ihre bloße Sprachlosigkeit angesichts einer begriffslosen Trauer verdichten. Verstärkt wird der Eindruck der Entfremdung noch durch die zeitlich versetzte Erzählinstanz. Zwar zoomt die Autorin so nah wie möglich an die Protagonistin heran, zeigt sich bestrebt, die »Gräber zu öffnen, in denen sich Lol totstellt«.[20] Aber es ist eben nicht Lol selbst, die all ihren Schmerz zum Ausdruck bringt, sondern Jacques Hold, einer ihrer späteren Liebhaber, der alles aus der zeitlichen Distanz heraus berichtet. Lol erscheint dadurch so entrückt wie ein ferner Stern im All. Sie ist verurteilt zu einer inneren Wanderschaft ohne Aussicht auf Ankunft. Die französische Journalistin und Autorin Madeleine Chapsal stellt diesbezüglich die These auf, dass Lol gerade in dieser Offenheit und Positionslosigkeit gar das Schicksal aller Frauen im Patriarchat verkörpern würde.[21] Im chauvinistischen Narrativ müsste also ein Prinz erscheinen, um sie aus ihrer Erstarrung zu lösen. Und da Duras oft wie ein Mann über Frauen schreibt, also mit diesem eigenwillig sezierenden Blick, aber nie frei von Ironie, kommt er dann auch, dieser vermeintliche Erlöser. Die Rede ist von Jean Bedford. Er soll sie und ihre Kinder aus dem Dornröschenschlaf erwecken. Ihre Vergangenheit wird kein Thema der neuen, von wenigen amourösen Funkenschlägen begleiteten Zweisamkeit. Über ihr liegt der Schleier des Schweigens. Lol, offensichtlich noch immer gefesselt von Sprachlosigkeit aus der Schicksalsnacht, instituiert eine »eisige Ordnung«[22] in ihrem wohnlichen und familiären Umfeld und versteckt sich draußen in der Anonymität. Es regiert der Schwund, an Vergangenheit und Identität. So bezieht Lol nach der Rückkehr in ihre Geburtsstadt S. Thala den »prunkvollen Palast des Vergessens«.[23] Inspiriert wurde dieser fiktive Ort von Trouville, einer Küstenstadt an der Normandie, in der Duras erstmals nach Indochina wieder auf das Meer treffen sollte. Obwohl er als vermeintlich zeit- und raumlose Chiffre auftaucht, ist der Ort durch autobiografische Erinnerungen verbürgt.

Wir haben es daher nur mit einem scheinbaren Abschluss mit allem, was zuvor geschah, zu tun. Und so heißt es im Werk: »Der Ball erwacht wieder ein wenig zum Leben, er erzittert, er klammert sich an Lol. Sie wärmt ihn, behütet ihn, hegt ihn, er wächst, tritt aus seiner Verborgenheit hervor, streckt sich, eines Tages ist er fertig.«[24] Sie steigert sich immer wieder in das Trauma hinein, vergegenwärtigt sich sogar die Vorstellung einer Ménage-à-trois.[25] Die unerfüllte, ja, die harsch verhinderte, gebrochene Liebe, sie findet ihre Ersatzbefriedigung in der Projektion. Immer wieder stellt sie sich Richardson als Gott vor, der täglich neu eine Frau entkleidet, wobei er dieses eintönigen Prozesses bald überdrüssig wird.[26] Ihm widerfährt damit jene Rache, die sich für Duras wie gleichsam ihre Heldinnen als die schlimmste erweist, nämlich jene der Monotonie. Es beginnt die ewige Wiederholung, des Erlahmens aller Leidenschaft. Wo sich Begehren zur Mechanik verkehrt, lauert der mächtigste Tod im Werk der Autorin.

Indem sich Lol hinter der bürgerlichen Fassade diesen eigenartigen Träumen hingibt, verweigert sie sich dem tödlichen Stillstand. Je geheimnisvoller sie sich dabei gibt, desto mehr Imaginationen bildet wiederum der Erzähler. Aus starker Anziehung, letztlich aus der Verzückung eines Blicks heraus, der nach Georges Bataille in seiner erotischen Ausprägung zum intensivsten, beinah mystischen Erleben gehört,[27] versucht er sich an der Rekonstruktion dieser unglaublichen Geschichte einer Frau, die vermeintlich irr wurde und dann ein braves Eheleben zu führen scheint.

Dennoch bleibt Hold beharrlich und erfährt, dass auch Lol ihn begehrt. Jedoch richtet sich das Bestreben der Verführerin nicht nur auf ihn, sondern ebenso auf Tatiana Karl, konkreter: gar auf beide in einer gemeinsamen Konstellation. Es handelt sich um jene Frau, die ihr in der beklemmenden Ballnacht die Hand hält und die Lol in S. Thala wiedersieht. Sie verfolgt Tatiana, nimmt damit zunächst symbolisch die Fährte der Vergangenheit auf und erfährt überdies von ihrer Liebschaft mit Hold. Von der anfangs passiven Anti-Heldin entwickelt sich Lol in dieser sich anbandelnden, eigenartigen Dreierkonstellation zu einer Marionettenspielerin. Man könnte auch sagen, als Regisseurin realisiert sie mit den beiden ein Drehbuch nach ihrem Wunsch. Duras offenbart dabei ihre kinematografische Methode, die im weiteren Verlauf des Essays einer noch ausgiebigeren Betrachtung unterzogen wird. Lol liebt und lässt lieben, auf filmische Weise, eben durch die Macht der Projektion, die innere Bilder auf die Leinwand der Welt bringt.

Aber die hierarchischen Verhältnisse drehen sich um, und Hold ergreift Besitz von Lol, die sich mit einem Mal in Tatiana vergegenwärtigt sieht. So sehr der Erzähler an dieser Stelle zu triumphieren glaubt, so sehr muss er sich jedoch bald eingestehen, dass sein Protektorat über die Geliebte nur von kurzer Dauer war. Sie entfernt sich, wie einst, und geht erneut als die Rätselhafte aus diesem Ringen um Liebe, Erotik und Begehren hervor. Stabilisieren kann sie sich indessen nicht. Es scheint so, dass in diesem archetypischen Text Identität unmittelbar an Macht und insbesondere eine Sprachmacht geknüpft ist.

Dies mag auch erklären, warum die Erzählfigur männlich ist. Bei ihr, sozialisiert in einem machistischen System, macht sich die mehrfache Invertierung der Machtposition am stärksten bemerkbar. Wie unter einem Bann gerät der sich kurzzeitig als Sieger wähnende Hold unter Lols Kontrolle. »Sie müssen sie wiedersehen«,[28] trägt sie Hold im Hinblick auf Tatiana auf. Die scheinbar Schwache avanciert damit zur Herrscherin, entschlossen, die Fäden der Liebe selbst in den Händen zu halten. Wer an der Liebe verzweifelt, erkennt ihre Nachbarschaft zum Tod. In Form der Leere ist der Tod in diesem Roman allpräsent. Ob Leere oder Erfüllung sich Raum bahnen, hängt letzthin vom Erzählen und somit der Sprache selbst ab.

Ein Beispiel: »Das Nichts wird zur Statue. Der Sockel dazu: der Satz.«[29] Oxymorontisch verschränkt, ist die Sprache (als Immaterielles) hier in der Lage, als Materielles zu fungieren. Schließlich bildet sie den Sockel. Schafft und stabilisiert sie in einem Fall die Verhältnisse, dient sie schon im nächsten Atemzug zur Auslöschung – eine an utopischen Möglichkeitssinn heranreichende Fähigkeit, die Lol, die ehemals Schreiende, durchschaut und sich zunutze macht. Die Dreiecksbeziehung nimmt durch sie toxische Züge an: »Und nun ist sie, die unter ihrem Haar nackte Tatiana Karl, plötzlich zwischen Lol V. Stein und mir. Der Satz ist eben gestorben, ich höre nichts mehr, alles ist still, er ist zu Lols Füßen gestorben, Tatiana befindet sich an seiner Stelle.«[30] Sprache tritt an dieser Stelle nicht nur als Signum des Todes selbst zutage. Sie degradiert Tatiana zum Objekt, indem sie sie mit dem am Boden liegenden Satz analogisiert.

Der Satz lebt im Schrei. Nicht nur von Lol wird er ausgehen. Ihre wachsende Macht führt dazu, dass auch andere ihren Schrecken und ihre Angst herausbrüllen. Wenn daher mehrfach die Rede davon ist, wie »Jacques Hold Besitz von Tatiana Karl«[31] ergreift, dann resultiert dieser Zugriff aus der mentalen Steuerung, ja der Sprachpolitik durch Lol. Sie hat sein Bewusstsein derart infiltriert, dass er beinah schon ihre Verhaltensweisen annimmt.

»Ich empfand«, bekennt er, »während ich auf alles gefaßt war, eine sehr starke Erregung, deren wahre Natur ich nicht gleich erkannte, zwischen Zweifel und Schrecken, Entsetzen und Freude, die Versuchung, mir Vorsicht zuzurufen und mir zu Hilfe zu eilen, Lol V. Stein für immer zurückzustoßen oder sie ganz und gar für immer zu lieben. Ich unterdrückte einen Schrei«.[32]

Befindet sich Hold nun am Rande des Wahnsinns? Droht ihn die Liebe zu Tatiana und jene zu Lol gänzlich zu zerreißen? Zumindest legt es der Schrei, der zur Insignie der Protagonistin gehört, nahe. Es wirkt so, als wäre ihr Geist in ihn gefahren, der fortan trotz des Bestrebens, Tatiana zu kontrollieren, »wirre[] Reden«[33] von sich gibt.

Lol scheint inmitten dieses emotionalen Tornados das unverrückbare und arkane Zentrum zu bleiben. Eines, das für alle weiteren Heldinnen in Duras' Kosmos archetypisch prägend sein wird. Diese, schreibt Ilma Rakusa, »verraten kaum, daß ihre Schöpferin mit Feministinnen verkehrt, die die Befreiung der Frau aus sexuellen und sozialen Abhängigkeiten befürworten. Ganz im Gegenteil sind sie souverän in ihrer Hingabe, ihrem Opferwillen, ihrer maßlosen Leidensfähigkeit. Duras schafft romantische Archetypen – freilich auf eine unnachahmliche Weise, indem sie die Gefahr des Trivialmythischen durch einen elliptisch-suggestiven Stil bannt. Nicht eine wie auch immer geartete feministische Ideologie, sondern ihre sinnlich-spröde, ›unhierarchische‹

ecriture feminine ist Duras' revolutionäre Errungenschaft. Dank ihr gelingt ihr der Spagat zwischen Archaik und Avantgarde«.[34]

Exakt auf diesem schmalen Grat bewegt sich Lol. Duras macht den Riss, der durch ihre Protagonistin geht, nicht allein auf der Ebene der *histoire* kenntlich. An Signifikanz gewinnt er erst durch den Stil, der von Spannungen geprägt ist. Am offensichtlichsten mutet jene zwischen der detaillierten Beschreibung von Blicken und affektiven Regungen und wiederum häufig pathetisch aufgeladenen Abstrakta an. Fast immer schlagen sie sich in Superlativen nieder. Hierzu einige Beispiele: Einerseits grübelt Tatiana sehr ausführlich über den Geisteszustand ihrer Jugendfreundin, beinah mit psychotherapeutischer Verve bemüht sie sich, das Mosaik Lol V. Stein zusammenzusetzen.

Andererseits wird die Mythisierung der Anti-Heldin durch ungreifbare Formulierung vorangetrieben: »Lols Liebe war unaussprechlich gewesen«;[35] »In der Schule war sie ein Wunder an Sanftheit und Gleichgültigkeit«;[36] »Mit einer matten Neugier fragt Lol, als wäre sie vor hundert Jahren aus ihrer Jugend emigriert«.[37] Die Protagonistin scheint in wolkenartige Sphären verschwunden zu sein. Denn »eine Annäherung an Lol gibt es nicht. Man kann sich ihr weder nähern noch sich von ihr entfernen. Man muß darauf warten, daß sie einen aufsucht, daß sie will.«[38] Sie entzieht sich sowohl eines körperlichen als auch geistigen Zugangs. Ähnliche Lol enthebende Zuspitzungen finden sich, wenn es um die von Tatiana diagnostizierten, vermeintlichen Unwahrheiten Lols geht, wie zum Beispiel diese Kumulation bzw. Tautologie belegt: »Die Lüge ist roh, unbegreiflich, von einer unergründlichen Unklarheit.«[39]

In ihrer Entrückung nimmt Lol fast schon biblische Züge an – so etwa mit diesem Satz: »Sie streichelt wie ein Blinder der jemanden wiedererkennen will.«[40] Denken lässt sich hierbei an die Legende um den blinden Bettler Bartimäus,[41] den Jesus geheilt haben soll. Die Wiederbefähigung zum Sehen weist natürlich ebenso eine metaphorische Dimension auf, da damit nicht nur die visuelle Wahrnehmung der Realität gemeint ist, sondern gleichsam ein Erkennen von Schöpfung, Kosmos und eben Gott mitschwingt. Ferner könnte sich die Anspielung auf den blinden Propheten Theresias in der antiken Dramatik beziehen. Auch er fungiert als Erkenntnisträger.

Fraglich bleibt, ob Lol und die Schlüsseltexte für das Gesamtwerk der Autorin nun neue Einsichten ergeben. Denn jede Antwort zieht eine weitere Frage nach sich, jede Behauptung einen Vorbehalt. Wer vermag schon Ekstase von Wahnsinn, Hingabe von Selbstverlust zu unterscheiden. Nachvollziehbarerweise ist für Niklas Luhmann Liebe »kein Gefühl, sondern ein Kommunikationscode, nach dessen Regeln man Gefühle ausdrücken, bilden, simulieren, anderen unterstellen, leugnen und sich mit all dem auf die Konsequenzen einstellen kann, die es hat, wenn entsprechende Kommunikation realisiert wird«.[42] Paradigmatisch führt Duras die Lektüre der Liebe, ihre komplizierte Dechiffrierung an den Deutungsversuchen Tatianas vor. Vielleicht ist dies eben die eigentliche Botschaft des Textes. Liebe muss man lesen, auch zwischen den Zeilen, samt all der symbolischen Übercodierung und Unbestimmtheiten.

Neben »Die Verzückung der Lol V. Stein« erweisen sich zudem »Heiße Küste« (1950) und »Der Liebhaber« (1984) als grundlegend für alle weiteren literarischen Entwürfe zu Liebe und Begehren. In Ersterem beschreibt Duras ausführlich die indochinesische Soziografie, in der die Männer auf Frauen treffen und umgekehrt:

»Jede Frau der Ebene bekam, solange sie jung genug war, von ihrem Mann begehrt zu werden, jährlich ihr Kind. Während der trockenen Jahreszeit, wenn die Arbeiten auf den Reisfeldern nicht so dringlich waren, dachten die Männer mehr an die Liebe, und die Frauen wurden in dieser Zeit begattet. In den folgenden Monaten schwollen die Bäuche. Außer denen, die den Bauch der Mutter schon verlassen hatten, gab es die, die sich noch in ihm befanden. So ging das in aller Regelmäßigkeit weiter, vollzog sich wie in einem Rhythmus.«[43]

Den Geburten liegt eine kühle Mechanik zugrunde, deren Regelmäßigkeit an Jahreszeitenwechsel erinnert. Überdies rückt das Prädikat »begattet« den Akt der Zeugung – bar jeder Romantik – gänzlich in die Nähe der tierischen Kopulation. Sexualität scheint geradezu entmenschlicht und passt zu dem, was Gisela von Wysocki mit den »defekte[n] Körper[n]«[44] der Figuren der Duras beschreibt. Wie wenig der Einzelne in diesem ›Produktionszyklus‹ bedeutet, liest sich nur wenige Zeilen unter der oben zitierten Passage:

»Denn die Kinder starben in großen Mengen, und der Schlamm der Ebene enthielt viel mehr tote Kinder als der feste Boden lebendige, die herangewachsen waren und nun auf den Büffeln saßen und sangen. Sie starben in solchen Mengen, daß man keine Träne mehr um sie vergoß und ihnen schon kein langes Begräbnis mehr gönnte.«[45]

Signum dieses Daseins ist eine umfassende Schicksalsergebenheit, verbunden mit einem steten Verlust von Empathie. Leben und Sterben liegen im Dschungel nah beieinander. Der Schwund an Mitgefühl schreibt sich dem Denken und Erzählen von Duras unmittelbar ein. Man liest zynische Sätze wie »Es war schon gut, daß so viele starben«,[46] sie hätten die Ebene nur überfüllt, gar die Tiger hätten die Lust an so viel Menschenfleisch verloren.[47] Die Sprache dafür: schonungslos und mechanisch.

Dass man in diesen depravierenden Verhältnissen kaum den Nährboden für die Saat der Liebe finden mag, liegt auf der Hand. Es gilt zu überleben. Und wo es Anziehung gibt, folgt das Wissen, dass sie kaum zu einer Rêverie taugt, auf dem Fuß. Das Urtümliche und Raue durchziehen diese Gefilde, wo »der Duft der Erde, aus allen Blumen, allen Lebewesen, den mörderischen Tigern und aus ihrer unschuldigen Beute [steigt], deren Fleisch in der Sonne reifte, zu einem Ganzen vereint wie zu Anfang der Welt«.[48] Auch Menschen gleichen in diesem von Klassismus beherrschten Landstrich Fleischwaren. So ist die Rede von den »Dirnen jeder Nationalität, die eine längere oder kürzere Zeit im Hotel verbrachten, bis sie in einem der Bordelle der Oberstadt oder in einem der vielen Bordelle am Hafen umkamen, in die sich in regelmäßigen Fluten alle Mannschaften der Pazifiklinie ergossen«.[49]

Für die junge Ich-Erzählerin in »Heiße Küste«, die siebzehnjährige Suzanne, wird das Kino zu einem Fixpunkt – wie es das auch für das Schreiben von Marguerite Duras wurde. In Saigon im Eden-Cinéma begegnet Suzanne Leinwandstars wie Charlie Chaplin. Dieser Raum aus Licht und Schatten dient der Heldin des Romans rasch als Gegenwelt, in der Blicke des Begehrens gelebt und kultiviert werden. Denn »bevor man die Liebe in Wirklichkeit ausübte, täte man es probeweise im Kino [...]. Das große Verdienst des Kinos bestünde darin, daß es die Gier der jungen Burschen und Mädchen reizte und sie dazu trieb, ihren Familien davonzulaufen.«[50] Im Kino entdeckt sie Erotik und Sexualität abseits der ›Gebrauchsmechanik‹. »Gern wäre man an ihrer Stelle«, konstatiert die junge Zuschauerin im Angesicht der sich auf der Leinwand Liebenden. »Ihre Körper umschlingen sich, ihre Münder nähern sich, mit der Langsamkeit eines Alptraums. Und als sie dann so nahe sind, daß sie einander berühren, verschwinden plötzlich ihre Körper«.[51] Das *pars pro toto* gewährt der Protagonistin offenbar eine Loslösung vom tristen Spiel der Geschlechter im wahren Leben. Echtes Begehren, ja ein Sich-Verzehren entdeckt Suzanne jedenfalls im Film. Bald findet sie, die Frühreife, in dem reichen Vietnamesen Herrn Jo ihr erstes großes Versuchsobjekt. Von der Leinwand hat sie sich buchstäblich abgeschaut, wie man mit Blicken und vor allem den körperlichen Reizen Männer steuern kann. Sie drängt ihn in das »Reich, in dem ihre Brüste, ihre Taille, ihre Beine die Herrschaft führten«.[52] Sie »vereint«, wie Rakusa betont, »Unschuld und Nuttenhaftigkeit – und einen unbändigen Freiheitsdrang«.[53] Von ihrer Mutter, einem »Monument der Zerrissenheit«, die die Eigenschaften »kämpferisch, verzweifelt, grausam, apathisch, unbeugsam, verrückt«[54] repräsentiert, dürfte Marguerite den politischen Einsatz von Gefühlen erlernt haben. Und obgleich die Alleinerziehende in der Geschichte darauf drängt, dass Suzanne den wohlhabenden Asiaten heiratet – wohlgemerkt aus ökonomischen Gründen, um der Verarmung zu entfliehen –, weigert sich Suzanne. Mit zynischer Berechnung nimmt sie alle materiellen Boni wie Schmuck und Geld aus der Beziehung mit, ihren Körper liefert sie dem Bittsteller nicht aus. So liest sich schon dieser frühe Roman als Genese der Selbstermächtigung. Selten wirkt sich jene Entwicklung unmittelbar positiv aus im Kosmos der Duras, zumal sich alle ihre Frauenfiguren, wie es in dem Biopic »Diese Liebe« (2003) heißt, »ins Unglück stürzen«. Stets sind sie gebannt von der flirrenden Ferne, lassen sich anziehen wie die Falter vom Licht.

Diese Beobachtung darf nicht als trivial gelten, zumal sich an ihr eine Diskussion über die feministische Haltung der Autorin entfaltet. Obwohl die Schriftstellerin in Paris immer wieder Kontakt mit Frauenrechtlerinnen hatte, zeugen ihre Texte auch auf den ersten Blick von einer gänzlich anderen Einstellung. Wo trifft man etwa in jenen Prosatexten, in denen weibliche Charaktere an der Ehe und dem Ethos ihrer Zeit scheitern, auf Emanzipationsversuche? Ilma Rakusa deutet das feministische Spezifikum der Autorin so: Die Frauen sind »souverän in ihrer Hingabe, ihrem Opferwillen, ihrer maßlosen Leidensfähigkeit. Duras schafft romantische Archetypen – freilich auf eine unnachahmliche Weise, indem sie die Gefahr des Trivialmythischen durch einen elliptisch-souveränen Stil bannt. Nicht eine wie auch immer geartete feministische Ideologie, sondern ihre sinnlich-spröde, ›unhierarchische‹ *écriture féminine* ist Duras' revolutionäre Errungenschaft. Dank ihr gelingt ihr der Spagat zwischen Archaik und Avantgarde.«[55]

Statt der Figuren mutet die Art und Weise des Schreibens revolutionär an. Reduktionismus und Stringenz stehen für ein literarisches Aufbegehren gegen den Mainstream genauso wie gegen die Klischees, die weiblichem Schreiben im Zeichen einer Gefühlsduselei traditionell unterstellt werden.

Erneut aufgreifen und vertiefen wird die Autorin das Ineinander von Liebe, Begehren und Macht in ihrem Weltbestseller »Der Liebhaber« (1984), der binnen eines Jahres nach Erscheinen über 1,5-Millionen Mal verkauft wurde. Dass es in dieser Story permanent um Tabubrüche geht, macht bereits die Erwähnung des Alters der Ich-Erzählerin zu Beginn deutlich. Sie ist »fünfzehneinhalb« und damit zumindest nach heutigen Maßstäben minderjährig. Es schreibt demnach eine jungfräuliche Nymphe, die unmittelbar an Verführungsfiguren wie Vladimir Nabokovs »Lolita« (1955) oder Frank Wedekinds »Lulu« (1895) denken lässt. An Drastik gewinnt die sich entfaltende Geschichte zusätzlich durch die signifikant autobiografische Grundierung, gibt sich die juvenile Erzählerin doch als spätere Alkoholikerin und damit als Duras selbst zu erkennen.[56]

Hinter dem Chinesen verbirgt sich Lê, Sprössling einer vermögenden Familie eines Mandarins. Ein Typ mit dem »Haifischlächeln eines spöttischen Kindes«.[57] »Dieser Mann«, hält die Biografin Frédérique Lebelley, fest, »bietet ihr alles, was sie erwartete. Das Geld und die Erfahrung mit Frauen […]. Die Geschichte würde Marguerite so zusammenfassen: die Entjungferung der jungen Weißen. Wie erwartet und zugleich über ihre Erwartungen hinaus. Der Chinese ist ein perfekter Liebhaber, das heißt vollkommen präsent und ohne Zukunft.«[58]

So kalt und geradezu technisch wie Lebelley die Geschichte beschreibt, fallen auch die enorme Verknappung und konzentrierte Sprachökonomie im Text aus, der auf sentimentale Gefühlswallungen, insbesondere aufseiten der Protagonistin verzichtet. Im Fokus steht immer wieder die Grenzüberschreitung, metaphorisiert in der »Überquerung des Flusses«[59] unmittelbar nach der wiederholten Altersangabe, die zum Skandalon taugt. Der Fluss kann in seiner Bedeutung gar nicht hoch genug bewertet werden. »Kein Ereignis kann mit der Anwesenheit des Mekong rivalisieren […]. Niemals in ihrem Leben, das weiß sie, wird sie wieder einem Fluß begegnen, der so phantastisch ist wie dieser«,[60] konstatiert Lebelley in ihrer Biografie. Die Überfahrt birgt für Marguerite eine in ihrer symbolischen Wichtigkeit nicht zu überschätzende Initiation. Sie selbst äußert in einem Interview: »Das war der Beginn meines Lebens. Danach habe ich meine Mutter belogen, wegen dieser Liebe, das heißt wegen meines Begehrens.«[61] Es ist der Beginn der Erkenntnis. Marguerite wird erwachsen und zur Frau. Erstmals begegnet sie auf dem Mekong-Dampfer jenem Chinesen, der sie in einer furiosen Affäre entjungfern wird. Es ist eine Begegnung abseits ihres Alltags im Pensionat von Saigon, eine, die sich im Dazwischen auf der Heimkehr ereignet.

Die Kindfrau in »Der Liebhaber« spart daher auch nicht mit sexuellen Avancen. Vor allem ihre hohen Absätze, der Hut und die Schminke[62] zeugen vom erotischen Spiel, das sie bewusst initiiert. Involviert ist in das sich anbahnende Tête-à-Tête von Anfang an eine Dritte, die Mutter, die wie schon in »Heiße Küste« den pekuniären Vorteil der Dyade wittert. Die Beziehung zu dem zwölf Jahre älteren Chinesen und noch allgemeiner: die Liebe, wenn man überhaupt von ihr sprechen will, erweist sich früh als spannungsreiches Konstrukt, als Achterbahn der Gefühle (und Ansprüche). Die grenzenlose Passion ging »über die Liebe, die wir füreinander empfanden und über den Haß, den schrecklichen, in dieser gemeinsamen Geschichte des Ruins und des Todes, [hinaus,] die die Geschichte dieser Familie immer schon war, in der Liebe wie im Haß, und die meine Fassungskraft noch immer übersteigt, die mir noch immer unzugänglich ist, verborgen in meinem tiefsten Innern, blind wie ein Neugeborenes am ersten Tag. Sie ist der Ort, an dessen Schwelle das Schweigen beginnt.«[63]

Duras umkreist das Phänomen Liebe mit einer Sprache der Annäherung, ohne es, wie sie betont, enträtseln zu können. Es bleiben das Schweigen, die Lücke zwischen den Zeilen sowie das Verborgene der Erotik. Obwohl sie somit die Ungewissheit über die sich entwickelnden Umstände festhält, ist sie sich – hier wird ein bezeichnendes Paradox offensichtlich – im Klaren: »Ich habe nie geschrieben, wenn ich zu schreiben glaubte, ich habe nie geliebt, wenn ich zu lieben glaubte, ich habe nie etwas anderes getan, als zu warten vor verschlossener Tür.«[64] Auffällig ist bei diesem Bekenntnis der zeitliche Abstand, der für das Verstehen der Geschichte von höchster Relevanz erscheint. Hier reflektiert eine Schriftstellerin ihre Jugend, mithin ihr weiteres Liebesleben, und weist schon früh im Text auf die fehlende Erfüllung der bevorstehenden *liaison d'amour* hin.

Einen Grund dafür stellt, wie gesagt, zunächst das Geld dar. Mit dem Anbandeln des Chinesen mit der autobiografisch angelegten Ich-Erzählerin geht für diese ein sozialer Aufstieg einher, nun kann sie bei ihren Schulfahrten vom »Eingeborenenbus«[65] in die Limousine wechseln. Der zweite, nicht zu unterschätzende sowie handlungsmotivierende Umstand äußert sich im sich verkehrenden Machtgefälle. Duras' Geschichte liest sich wie eine rebellische Antwort auf die Geschlechterökonomie des modernen Patriarchats. Es beruht auf der ideologischen Prämisse, »dass alle Frauen von Natur aus jungfrauenhaft, sexuell zahm und sogar leidenschaftslos seien. Auf diese Weise kulturell kodifiziert, funktionierte sexuelle Keuschheit als Kapital auf dem bürgerlichen Ehemarkt des 18. und 19. Jahrhunderts.«[66] Die Heldin in »Der Liebhaber« verkauft zwar auch ihre Defloration, nimmt dafür jedoch massiv Einfluss auf das Befinden und Selbstbild des Chinesen. Obwohl dieser allein über die finanziellen Ressourcen verfügt, wird er zum Bittsteller und Freier degradiert: »Vom ersten Moment an weiß sie etwas in der Art, daß er ihr verfallen ist«,[67] »er liebe sie wie wahnsinnig«,[68] »er sagt, er sei allein, auf grausame Weise allein mit seiner Liebe zu ihr. Sie sagt ihm, auch sie sei allein. Sie sagt nicht womit.«[69] Einerseits wird offenkundig, dass beide in dieser Beziehung einsam sind, andererseits deutet sich an, dass dieses wacklige Gerüst immerhin eben eines ist, an dem sie sich festhalten können: er, der dem Selbstverlust nahe ist, und sie, die weder ihren Weg noch sich selbst kennt. Jene daraus hervorgehende sexuelle Spannung lässt sich mit Georges Batailles Dialektik der Erotik erklären: »Wir sind diskontinuierliche Wesen, Individuen, die getrennt voneinander in einem unbegreiflichen Abenteuer sterben, aber wir haben die Sehnsucht nach der verlorenen Kontinuität.«[70] Die Menschen mit widersprüchlichem Wesen suchen Dauer und Treue, lassen sich aber doch, so die Aussage, immer wieder zu Abenteuern hinreißen.

Ausgiebig beschreibt Duras den Blick der jungen Frau, der von Herablassung gekennzeichnet ist. Ihr Pendant erscheint schmächtig, kraftlos, unmännlich im konventionellen Sinne. »Er ist erbärmlich in seiner Liebe«,[71] der Koitus gleicht einem einzigen Schmerzensakt, der allerdings »umgewandelt«[72] wird. Gemäß dem erwähnten Schweigen, der Tendenz zur Aussparung wird die Transformation lediglich mit einem Bild paraphrasiert: Wellenförmig und nicht klar definiert scheint der Sex zu verlaufen, eben wie »das Meer, formlos, einfach unvergleichlich«.[73] Aus ihrer erhöhten Position heraus seziert die Kindfrau ihr Gegenüber mit psychoanalytischer Verve: »Er muß ausgiebig lieben, um seine Angst zu bekämpfen.«[74] Während seine Person aus Sicht der Ich-Erzählerin also an Ernsthaftigkeit und Bedeutsamkeit verliert, zur personifizierten Farce wird, wächst sie hingegen an ihrer Machtposition, indem sie zunehmend ihre körperlichen Komplexe überwindet.[75]

»Sie hat ihr Spiel getrieben mit ihm. Das war ihre Genugtuung. Die Genugtuung des armen Mädchens, das – ob es wollte oder nicht – in die Hände eines reichen Liebhabers gefallen ist. Sie kann es sich nicht eingestehen, daß sie ihn liebt, das würde bedeuten, sich dem Feind auszuliefern«,[76] so die Interpretation von Marc Saporta. Liebe folgt dieser Ansicht nach einem teleologischen Anspruch. Überhaupt begegnet sie uns in diesem Werk als Projektionsfläche, insbesondere für die Lust. Sie nimmt ihren Anfang in der Abwesenheit, im Bewusstsein der Differenz zwischen dem inneren und äußeren Sein, zwischen Wunsch und Realität. Die Vorstellung einer emotionalen Verbundenheit, eines Ineinanders der Gedanken und Empfindungen ohne Übersetzung wird allerdings supplementiert – durch eine als Liebe verschleierte Mechanik. »Wir sind Liebende. Wir können nicht aufhören, uns zu lieben.«[77] Dabei löst sich ihr

Kern auf und geht in einen instrumentellen Gebrauch – ganz im Sinne der Machtbeziehung – über. »Ist es nur des Geldes wegen, daß du ihn triffst?«, fragt die Mutter einmal die Tochter. Die wiederum knapp bescheinigt: »nur des Geldes wegen«.[78] Die Liebe oder zumindest die Rede von ihr ist hier Teil einer umfassenden Verrohung sämtlicher menschlicher Beziehungen, in dem die meisten Figuren auch nur namenlos auftreten. Von der Mutter, die einfach zuschlägt, um zu strafen, wird gesprochen, oder von dem Bruder, der derlei Sanktionen gutheißt. Und so überrascht es kaum, dass die Protagonistin den »Krieg in denselben Farben wie meine Kindheit«[79] wahrnimmt. Beziehung bedeutet schlichtweg Gewalt. Wo wenig gesprochen wird und physische Kräfte walten, da fehlt auch eine Sprache für die echte Liebe. Wie ein Film laufen die Treffen der beiden Hauptfiguren ab: lakonisch und handlungszentriert. Dass das Mädchen ihrem Liebhaber keine Begründung für die Beendigung des Verhältnisses geben will,[80] scheint geradezu konsequent. Noch bevor die Soziologin Eva Illouz auf den Konnex von Kapitalismus und Emotionen aufmerksam machte, findet sich diese paradoxe Konstellation bei Duras. »Verkauft wird dabei«, wie Siegfried Reusch zu derartigen Verbindungen festhält, »nicht Liebe, sondern nur ein kurzfristig die unbestimmte Sehnsucht nach Zuwendung stillendes Substitut«.[81]

Ungeachtet dessen – und dies macht wohl auch die Brillanz des Werkes aus – lässt Duras reichlich Raum für Ambivalenzen. Die Beziehung erstreckt sich nicht ausschließlich auf eine statische Opposition. Vielmehr verändert sich im Laufe der Zeit ebenso die Wahrnehmung des Mädchens:

»Ich sah zu, was er aus mir machte, wie er sich meiner bediente, und ich hatte nie gedacht, daß man es in dieser Weise machen könnte, er übertraf meine Erwartung und entsprach der Bestimmung meines Körpers. So war ich zu seinem Kind geworden. Er war auch für mich zu etwas anderem geworden.«[82]

Die erotische und kapitalistische Relation zwischen den beiden Akteuren erfährt vor der Trennung somit einen bezeichnenden Wandel. Die Art, wie man »es« (Duras' sprachökonomischer Stil bemüht sich nicht einmal um eine feurige Paraphrase) macht, birgt Überraschungen, die auf beiden Seiten zu neuen Sichtweisen führen. Der Mann transformiert sich zum *Sugar Daddy*, zum väterlich Begehrenden, der in seinem Gegenüber die reine Nymphe auszumachen scheint. Mithin vollzieht er eine rituelle Hypostasierung ihrer Anmut, indem er regelmäßig ihren Körper reinigt und zu Bett trägt.[83] Marcelle Marini stellt diesbezüglich die These auf, dass der Liebhaber mit diesem fürsorglichen und über die Sexualität hinausreichendem Verhalten zugleich als eine Ersatzfigur für den real früh verstorbenen Vater Duras' und damit der Protagonistin verstanden werden kann.[84] Eine andere Interpretation des Duschens und Pflegens des jungen Körpers verweist auf den sterbenden Jesus. Inszeniert wird eine Pietà. Was die Autorin mit dieser so pathetischen wie biblischen Metaphorik andeutet, transportiert einen Subtext, der lautet: Die Liebe ist eine Passion, ein selbsterwähltes Martyrium. »Duras ist jemand, der übertreibt. Dieses Übermaß, diese Überlastung«[85] spiegelt sich, wie ihr letzter Liebhaber und Gefährte Yann Andréa konstatiert, in einer Feier des Leidens wider. Wohl auch deswegen spielen Verletzlichkeiten und Verwundungen in »Der Liebhaber« eine so bedeutende Rolle. »Es war, als liebte er diesen Schmerz«,[86] heißt es über den Chinesen. Der Text zelebriert förmlich den Schmerz in jeder Wortfaser intensiv – als Akt der Aufopferung, als Akt der Grenzübertretung, als Akt der Selbstauflösung, die zugleich die (ausbleibende) Erlösung anstrebt.

All dies findet statt in einem Raum der Bewunderung. Er birgt das Potenzial zum Wandel der Sichtweisen. So verändert sich auch der Blick auf den »Liebhaber von Cholen«,[87] aus dem Chinesenviertel. Abseits der Mischfigur aus Begehrendem und Vater entpuppt er sich bald als jemand »andere[s]«, Rätselhaftes und Ungreifbares. Er wird zur Projektionsfigur: »Ich erzählte ihm von seinem Körper und seinem Geschlecht, von seiner unaussprechlichen Zärtlichkeit, von seinem Mut im Wald und auf den Flüssen, an deren Mündungen schwarze Panther hausen.«[88] Was diese Entrückung beider unterstreicht, ist der hier zu beobachtende Perspektivwechsel. Die interne Fokalisierung weicht dann einer auktorialen Position, ganz so, als würden sich das Mädchen und der Mann nunmehr von außen sehen. Der häufige Wechsel in die Außenbeschreibung erzeugt ein berechtigtes und in Forschung und Feuilleton zu Recht ausgiebig diskutiertes Misstrauen gegenüber der vorrangigen Selbstaussage der Autorin in der Geschichte. Indem Duras immer wieder Elemente zur Verfremdung einsetzt, schiebt sie das vermeintlich rein autobiografisch verbürgte Geschehen ein Stück von sich selbst weg, ohne es allerdings in die völlige Fiktion zu entlassen. Ihr Coup besteht im doppelten Spiel, in der stets erneut aufgeworfenen Frage: Na, ist das alles vielleicht nicht doch wahr? Hat es sich genauso abgespielt?

Duras' Verführungskunst bezieht ebenfalls die Leser:innen mit ein. Als wären ihre Texte Körper, von denen sie nur bestimmte Stellen offenbart und andere geheim hält, zieht sie diese in die Dyade zwischen der Nymphe und dem Chinesen hinein. Sie zeigt und verrät nie alles, auch um letztlich den Eindruck zu vermeiden, man hätte es mit einem pornografischen Programm zu tun. Während Letzteres die gänzliche Transparenz vorsieht und alle Intimität unterläuft, entfaltet sich Erotik gerade in den Zwischenzonen, in dem, was nicht ausgestellt wird.

Zum besonderen Kalkül gehört ferner, dass die Aussage dessen, was auf der Handlungsebene passiert, klarer nicht ausfallen könnte. »Er nimmt sie«, ist zu lesen, »wie er sein Kind nehmen würde«.[89] Da die Infantilisierung, verbunden mit einem Verantwortungskonflikt, nicht zur leidenschaftlichen Überwältigung und geradezu zur Sucht nach dem anderen passt, spart Duras nicht an Paradoxa, in denen immer auch das Vibrato einer kaum mehr aushaltbaren sexuellen Spannung mitschwingt: »Er wolle sie nicht mehr, er wolle sie nicht mehr nehmen, und wieder sind sie aneinandergefesselt, gemeinsam im Entsetzen eingeschlossen, und da löst sich noch einmal das Entsetzen, noch einmal lassen sie sich überwältigen, in Tränen, in Verzweiflung, im Glück.«[90] Das Gefühl der Abhängigkeit koppelt sich offenbar an den Zustand höchster Zufriedenheit. Pointiert wird die Ekstase, der Höhepunkt über dem unausweichlichen Abgrund. Mehr noch: Erneut und möglicherweise am drastischsten in Duras' gesamten Werk erzählt »Der Liebhaber« von der Unmöglichkeit der Liebe und im Besonderen von endlosem Begehren. Zum einen ist die Unmöglichkeit dem Altersunterschied geschuldet, zum anderen dem ökonomischen Gefälle, das zugleich mit einer umgekehrten Machtlogik einhergeht. Nicht der Reiche gewinnt an Autorität, sondern das Mädchen aus armen Verhältnissen. Darüber hinaus erklärt sich die Unmöglichkeit aus der gesellschaftlichen Illegitimität heraus. Schließlich haben wir es mit einer provinziell-konservativen und zudem machistischen Kultur zu tun.

All diese gleichzeitig bestehenden Tabus mögen auch einen Grund für den zeitweiligen Todeswunsch der Ich-Erzählerin darstellen. Beziehung heißt schuldig werden, allen voran wenn sie leidenschaftlich aufgeladen und von Egoismen bestimmt wird. Die verlorene Unschuld des Lebens schlägt sich in der Sehnsucht nach einer Unschuld im Tod nieder. Gleichzeitig erweist sich Letzterer als integraler Teil der erotischen Natur selbst. Er entspricht dem maximalen Kontrollverlust in der Ekstase. »Niemand«, so notiert Bataille, »kann leugnen, dass an der Erregung wesentlich das Gefühl beteiligt ist, den Boden unter den Füßen zu verlieren und zu taumeln. Es gibt keine Liebe, wenn sie in uns nicht *wie* der Tod ist, ein Treiben zu raschem Verlust, schnell ins Tragische gleitend und innehaltend erst im Tod.«[91]

Die Schönheit der Liebe ist, um auch noch Rilke frei hinzuzunehmen, bekanntermaßen nichts als des Schrecklichen Anfang. Dem Höhepunkt der Lust, der Transzendenz des Körperlichen scheinen schon der Fall und Zerfall eingeschrieben. Der Chinese, den Duras immer wieder chiffriert in ihren anderen Werken aufgreifen wird, muss demzufolge zum gefallenen Engel mutieren.

Obgleich der Tod als Subtext mitläuft und punktuell in Allusionen zum Vorschein kommt – etwa in der abseitigen Bemerkung, dass sich im Verlauf einer Reise über den Ozean jemand umgebracht habe[92] –, führt seine Allgegenwart nicht zur gänzlichen Auslöschung des Gewesenen. Die Bilder bleiben und wiederholen sich immer wieder. So beispielsweise der Fluss am Anfang. Er brachte das Mädchen und den Chinesen zusammen, bevor er sie am Ende wieder trennt. Neben dieser Raumkonstante gibt es noch jene der Zeit. Sie kennt nur die Dauer, über Dekaden hinweg. »Jahre nach dem Krieg«, wie man zum Schluss erfährt, »nach den Ehen, den Kindern, den Scheidungen, den Büchern«,[93] kommt es daher noch einmal zu einem Kontakt. Der Liebhaber ruft seine einstige, nun erwachsene Kindfrau während eines Besuchs in Paris an. Und als wären alle Stunden stehen geblieben, bekräftigt er sein Bekenntnis, mit dem das Buch endet: »Er sagte ihr, daß es wie früher sei, daß er sie immer noch liebe, daß er nie aufhören werde sie zu lieben, daß er sie lieben werde bis zu seinem Tod.«[94]

Die Bewegung des Textes von der Introspektion über die Selbstentrückung in die auktoriale Perspektive bis hin zur Distanz über Jahrzehnte hinweg, bringt markant die Entwicklung jener so einzigartigen wie fatalen Liaison zum Vorschein, in der eine konstitutive Unklarheit den unstillbaren Reiz hervorbringt. Sie korreliert mit der Fremdheit der Figuren, die in Anonyma wie dem »Kind« oder dem »Chinesen« zum Ausdruck kommt. Das Mädchen weiß nicht, wohin sie der Weg weist, obwohl sie die symbolische Initiation schon mit der Flussüberquerung bewusst gewählt hat, und er weiß nicht, wie er Kontrolle über sich und die Situation erlangen soll. Der Rätselcharakter dieser Story erscheint prototypisch für das Erzählen der Duras in mehrerlei Hinsicht. Bezogen auf die Liebe verdeutlicht die Autorin, dass wir uns auf ihrem Terrain immer als Fremde bewegen. Und bezogen auf ihre Poetik offenbart sich der Wesenszug einer Überwältigung und Übercodierung. »Schreiben«, so definiert sie es einmal selbst, »heißt nicht Geschichtenerzählen. Es ist das Gegenteil von Geschichtenerzählen. Es ist: alles auf einmal erzählen. Es ist: Eine Geschichte und das Fehlen dieser Geschichte erzählen.«[95]

Was dem Roman »Der Liebhaber« innewohnt, ist die Konstante der Unmöglichkeit, das zwingende Scheitern einer Beziehung zwischen Mann und Frau.

Eine traurige Logik, durchaus. Gleichzeitig hebt Duras das amouröse Ineinander und die Sehnsucht nach völliger Verschmelzung in einen utopischen Horizont, dessen Unabschließbarkeit zugleich eine Nährquelle für Duras' konsequenten Schreibfluss zu sein scheint. Ernst Blochs Vorstellung dazu: »Das Wirkliche ist Prozess; dieser ist die weitverzweigte Vermittlung zwischen Gegenwart, unerledigter Vergangenheit und vor allem: möglicher Zukunft. Ja, alles Wirkliche geht an seiner prozessualen Front über ins

Mögliche, und möglich ist alles erst Partial-Bedingte, als das noch nicht vollzählig und abgeschlossen Determinierte.«[96]

Zwischen den Erinnerungen, die sich schleifenartig im Werk der Autorin wiederholen, einer Gegenwart, die von Rausch und Gefühlsüberschuss gekennzeichnet ist, und einer stets ungewissen Zukunft nimmt die Liebe immer wieder neue Wege. Nur, ihr Ideal bleibt bestehen, wie das verlockende Abendrot am Firmament. Dass sich bisweilen etwas vor dieses zarte Bild schiebt, verdeutlichen insbesondere jene Texte, die von Krieg und Begehren handeln. Sie sind überschattet von Projektionen der Gewalt, die zugleich eine weitere Liebe der Duras auf den Plan rufen: jene zum Film.

Die Liebe und der Krieg

Das Medium des Films spielte im Schaffen von Marguerite Duras eine dauerhafte Rolle. Früh zog sie das Kino an: Die Produktionen mit Charlie Chaplin sowie die raren Besuche des Lichtspielhauses in Indochina erweisen sich für sie immer wieder als prägendes Refugium, das bemerkenswerte Spuren in ihrem Schreiben hinterließ. Dass sie später aus ihrer Begeisterung für das bewegte Bild eine schöpferische Praxis machen und selbst als Regisseurin reüssieren wird, hat auch mit ihrer ernüchternden Bilanz des Gegenwartsfilms in der zweiten Hälfte des 20. Jahrhunderts zu tun. Denn »nach dem, was sie mitbekommen habe, behauptet sie, erfordere die Praxis des Films keine größere Begabung, als ein Auto zu fahren«.[97] Sie wandte sich gegen die Hollywood-Kulturindustrie, gegen jedwede Vereinnahmung der Lichtspielkunst. Einer publikumswirksamen Seichtigkeit setzte Duras hochambitionierte Low-Budget-Produktionen entgegen. Letztlich auch um die Krise des Lesens in der Gesellschaft der 1970er Jahre zu überstehen und eine neue Form des künstlerischen Ausdrucks zu nutzen. Statt schriller Action bediente sie sich dabei – analog zu ihrem literarischen Schreiben – eines ästhetischen Minimalismus sowie avantgardistischer Methoden. Man könnte auch sagen, dass Duras den unfilmischen Film erfand, indem sie einerseits auf gängige Mittel der Kinematografie verzichtete, andererseits diese bewusst gegen ihren üblichen Gebrauch einsetzte. Sie wollte einen anderen Film.

Siebzehn Filme entstanden binnen zehn Jahren, Filme, in denen auch die bekannten Figuren ihrer literarischen Werke vorkommen und teils ein jähes Ende finden. Allen voran Anne-Marie Stretter, die große Verführerin, nimmt in dem archetypischen Leinwandwerk »India Song«, einer Bewegtbild-Realisierung des Buchs »Der Vize-Konsul«, eine zentrale Rolle ein. Ein Stück weit diente dieses für die Schriftstellerin neue Medium zu einer Befreiung und Erneuerung, wobei sie wiederum einem treu blieb: dem Text. Auch im visuellen Medium sollte das Wort dominieren: Ein Film wurde textlich arrangiert wie ein Buch. Für Duras gab es in den Jahren intensiven kinematografischen Arbeitens keine starren Grenzziehungen zwischen den Gattungen und Kunstwelten.

Ganz im Sinne ihres Schreibens bestechen die Filme weniger durch eine stringent durchkomponierte Handlung als vielmehr durch Stimmungstableaus. Sie kaprizieren sich auf Regungen und auf die schon in der Literatur einen hohen Stellenwert einnehmenden Blicke. Und so wird »India Song« genau von diesem Spiel der Körper regiert, von ihrem Tanz, von Berührungen und Augen, die die Welt des Begehrens vermessen. Anne-Marie Stretter, verkörpert von Delphine Seyrig, wird schon durch ihre rote und damit an Herz und Flammen erinnernde Haarfarbe als erotische Figur markiert. Zumeist ist sie umgeben von gleich mehreren Liebhabern. Wie Falter das Licht umkreisen sie die Schönheit der Frau. Nur einer, der Vize-Konsul, bewegt sich außerhalb des inneren Kreises, obgleich er durch dieselben Orte, vornehmlich die Villa im Kolonialstil, flaniert. Was in den Figuren vorgeht, darüber lassen sich, wenn man das Buch nicht kennen sollte, nur Vermutungen anstellen. »Duras will« ihrer Biografin zufolge »leere Schauspieler.

Sie sind ausschließlich dazu da, um das Bild zu füllen. Was sie filmt, ist eine Welt im Verfall […]. Nicht von ihnen ist die Rede, sondern von einer Geschichte, die sie nicht beherrschen, die sich außerhalb von ihnen ereignet.«[98]

Um dieses Jenseits ihrer Handlungsmacht vorzuführen, werden die Bilder fast durchgängig von einem Voice-Over begleitet, der die zu sehenden Figuren auf eine Staffage reduziert. Mehrere Stimmen aus der indischen Gesellschaft versammelnd, ersetzt es den Plot, zumal sich die Bewegtbilder eher auf artifiziell gehaltene Momentaufnahmen fokussieren: Stretter mit nacktem Oberkörper neben ihrem Gefährten liegend – Stretter beim Tanz – Stretter, wie sie göttergleich selbstverliebt posiert, während die um sie herum stehenden Männer, als handele es sich um ein Familienporträt, in die Kamera schauen – Stretter beim Anblick ihrer selbst und der anderen im Spiegel – Stretter beim Spaziergang durch den Park.

Die Bruchlinie verläuft hier zum einen zwischen dem Vize-Konsul und ihr, zum anderen und noch beklemmender zwischen der Upperclass und der armen Bevölkerung. Umkreisen sich die bourgeoisen Figuren permanent selbst inmitten ihrer abgeschotteten Wohlstandsenklave und zwischen Villa und Tennisplatz, sind die Mittellosen nicht einmal zu sehen. Doch gerade sie hatte die Autorin auch in der Textvorlage von Anfang an im Blick. Sie kannte deren Schicksal, war selbst ein Mädchen, das, obwohl es zu den weißen Kolonisten gehörte, in prekären Umständen am Rande der Zivilisation aufgewachsen war. Die Diskrepanz auf Ebene der Filmästhetik entsteht überdies durch die inkonforme Synchronizität zwischen Ton und Bild. Langsame Kamerafahrten und epische Einstellungen fangen Zustände ein, wohingegen sich die Sprecher:innen im Voice-Over etwa über die Landschaft unterhalten. Umso entrückter erscheint Stretter. Sie, stilisiert zur Apotheose, wirkt abgehoben, tranceartig. Wie unter einem Nebelschleier bewegen sich auch die sie umgebenden Figuren. Sie repräsentieren die Gelangweilten, die Dandys, die Bohemiens in Galaxien, die einzig sie selbst zum Zentrum haben.

Wenn die Grenze durchbrochen werden kann, dann nur durch eine bedingungslose, alle Konventionen missachtende Liebe, eine Liebe des Wahns, wie sie den Vize-Konsul überwältigt. Die Ball-Szene ist in ihrer historischen Dimension bekannt, gerade auch im Hinblick auf Lol V. Stein, und wiederholt sich im Film, wobei hierbei alle Aufmerksamkeit auf dem Kolonialbeamten liegt. Nachdem er von Stretter zurückgewiesen wird, verfällt er in einen tiefen Kummer. »Lass mich bleiben«, fleht er und bekennt: »Ich habe nie jemanden zuvor geliebt.« Doch längst bleibt es nicht bei diesen elegischen Bekundungen und Bitten. Inmitten der pluralen Stimmenkulisse und weitestgehend von der Glorifizierten ignoriert, hört man ihn im weiteren Verlauf des Films immer wieder stöhnen und schreien. Duras verlängert im kinematografischen Rahmen deutlich das Leiden der Figur, indem sie sämtliche akustischen Register des Mediums nutzt. Der Kampf mit sich selbst und um die Liebe, dieses vergebliche Bemühen, es erscheint endlos und dadurch umso grauenhafter.

Gleichzeitig hält damit die Wirklichkeit Einzug in die dekadente Sphäre. Die Liebe wird in ihrer verzweifelten Ausprägung zum Signum des Realen. Ihre Präsenz kann buchstäblich nicht mehr überhört werden.

Dasselbe gilt für die einzigartige Filmmusik von Carlos d'Alessio. Von vielen Beobachter:innen und Analytiker:innen wird ihr beinah die Rolle einer Mitspielerin eingeräumt, da sie fast über den gesamten Film hinweg zu vernehmen ist. Ihre Kreisstruktur erinnert an einen Walzer und unterstreicht zusätzlich die Entwicklungslosigkeit der Figuren und der Gesellschaft gleichermaßen. Als bezeichnend erweist sich in diesem Kontext die Kollision dieser Tonspur mit jener des Schreis des Vize-Konsuls. Unmittelbar nach seiner ersten Intonation setzt der »India Song« ein. Dieser Titel kennt kaum eine Pause oder Variation, zumal er, wie Lebelley bemerkt, im Vietnamesischen auch »Fluss« bedeutet.[99] Sein fortlaufendes Rauschen überlagert den Schrei, sodass er nur noch im Hintergrund zu hören ist. Duras zeigt mit diesem akustischen Palimpsest ihre Brillanz in Sachen Montage. Musik und Schrei, Stimme und Bild, (nicht zu sehende) Unterschicht und Elite – sie alle finden sich in einer Gleichzeitigkeit wieder, wodurch Paradoxien und Risse umso signifikanter hervortreten.

Dieser Umstand gelingt der Regisseurin nur, weil sie eine antiidentifikatorische Filmkunst betreibt. In jedem ihrer Leinwandwerke läuft die permanente Reflexion des Mediums selbst mit. Es denkt über sich selbst nach und versetzt die Zuschauer:innen in eine das Geschehen hinterfragende Distanz. Zur kinematografischen Schriftstellerin gehört somit, dass sie filmisch denkt – und schreibt. Kein Bild steht für sich, sondern erweist sich stets als Teil einer größeren Montage. Mal parallelisiert Duras, mal kontrastiert sie Vorgänge. Als entscheidend mutet die funktionale Beziehung zwischen den Aufnahmen an. Die filmische Wahrnehmungsweise der Welt prägt bei Duras auch die literarische Produktion. So wie sich jede von ihnen in einem größeren Kontext wiederfindet und dadurch Assoziationen hergestellt werden, so scheint die Liebe im Kosmos der Autorin nie frei von allen Bedingtheiten zu sein. Im Gegenteil: Die Liebe, die sich »in der Unschuld des Begehrens fassen [lässt], ehe die Begegnung der Körper sie entstellt«,[100] muss sich bewähren und verteidigen. So tief oder bisweilen explosiv ihre Kräfte auch sein mögen, ist sie niemals vorm Scheitern gefeit.

Das ist nachzuvollziehen in dem Roman mit dem vielsagenden Titel »Der Schmerz« (1985). Hierin zeichnet die

Autorin erneut mit deutlich autobiografischen Bezügen, die Erzählerin heißt auch Marguerite, das unruhige Seelenleben einer Frau im Wartezustand auf. Während der Ehemann in einem Lager ausharrt, kämpft sie mit der zermürbenden Ungewissheit. Die Erzählerin hatte den Krieg und die Folgen des Nationalsozialismus unterschätzt, dessen Drastik in Form des Holocaust sich ihr erst nach Kriegsende offenbart. Marguerite durchleidet diese Zeit als Schwangere. Auch Duras, deren Biografie sich in der ihrer Romanfigur spiegelt, war dazu angehalten worden, sowohl auf sich als auch auf ihr Ungeborenes zu achten. Trotzdem verlor sie es nach neun Monaten. Es erstickte an der Nabelschnur.[101] »Die Begleitumstände der Geburt und dessen, was sie einen Mord nennt, wird sie von ihm behalten. Die Geburt und den tödlichen Unfall. Den Tag und den Tod. Und die Angst, fortan dazu bestimmt zu sein, das Unsichtbare zu gebären.«[102]

Die Protagonistin befindet sich in einem den Untoten ähnlichen Zustand. Immer wieder schaut sie sich in der Wohnung um, verharrt in der Enge und im Stillstand. Sie überlegt, wie ihr Mann umgekommen sein könnte, und starrt auf das Telefon. Keine Nachrichten, keine Anrufe. Oder sie sucht ihn, den Verschollenen und bald Totgeglaubten, auf dem Bahnhof in den Menschenmassen. »Abgesehen von diesem Warten existiert man nicht mehr«,[103] heißt es im Roman, der ganz dem Existenzialismus entspringt. Und in der Tat: Das Warten erfüllt den Raum so sehr, dass es gleich einem Dunst die Sicht verstellt. In diesem Warteraum gibt es kein Fenster, keinen Horizont, der noch eine Sehnsucht nähren könnte. Duras nutzt zur Veranschaulichung dieses Effektes ein für sie probates Stilmittel, jenes der Repetition. Der Schriftsteller Dominique Noguez betont die ontologische Bedeutung dieses Mechanismus für das Schreiben der Autorin: »Die Durassche Wiederholung ist weder reiner Wortklang noch bloße Beharrlichkeit: Sie verschafft dem, was wiederholt wird, so etwas wie einen Zuwachs an Sein. Sie ist performativ.«[104] Indem die Protagonistin des Romans also ihr gesamtes Inneres und Äußeres mit Warten anfüllt, avanciert dieses zugleich zum existenziellen Milieu. Und »der Schmerz ist so groß, er erstickt, er hat keine Luft mehr. Der Schmerz braucht Platz.«[105] Die lakonisch dargebotene Klaustrophobie, das mehrfach erwähnte »Martyrium«,[106] gekoppelt an eine Zeit, die in der reinen Gegenwart der immergleichen Gedankenzirkel erstarrt, verändert mithin auch das Gefühlsleben. Die Liebe – so eine häufig im Œuvre der Schriftstellerin anzutreffende Bewegung – wird in ihrer lediglich scheinbaren Allmacht verschoben und überlagert. Man könnte im kinematografischen Zusammenhang auch von einer Überblendung sprechen. Nachdem die Ich-Erzählerin wartet und wartet, trifft man auf diesen Satz: »Jetzt vermag ich zwischen der Liebe, die ich für ihn empfinde, und dem Haß, den ich ihnen entgegenbringe, nicht mehr zu unterscheiden.«[107] Mit ihnen sind die Deutschen gemeint, die ihren Mann Robert übel zugerichtet hatten. Die Autorin dieser Zeilen war wie von Sinnen, jede öffentliche Stelle steuerte sie mehrfach an, um etwas über den vermeintlich Verschollenen zu erfahren. Sie sollte bald Schreckliches erfahren. Genauso wie die Protagonistin ihres Romans. Als der Mann im Roman doch noch aus Buchenwald zurückkehrt, hat sich die Welt gewandelt. Er, der ehemalige Resistance-Kämpfer, ist geisterhaft abgemagert, ein Skelett aus Haut und Knochen, versehen mit allerlei Spuren von Gewalt und Folter. Er gleicht nur noch einem Abbild seiner selbst, was wiederum zu einer tiefen Entfremdung aufseiten der vormals beinah wahnsinnig gewordenen Protagonistin führt. Der Riss verläuft zwischen beiden und noch einmal in jedem von ihnen zugleich. Er zeigt sich als das Negativ eines nicht zu Ende entwickelten Films, oder wie es im Roman heißt:

»ein Bild mit zwei Seiten: auf der einen ist er, die Brust dem Deutschen zugewandt, die Hoffnung von zwölf Monaten, die in seinen Augen untergeht, und auf der anderen Seite sind die Augen des Deutschen, der zielt. Das sind die beiden Seiten des Bildes. Zwischen den beiden muß ich wählen«.[108]

Wie jene Antiheldin, die sich von dem menschlichen Rest ihres Gatten trennt, um mit einem anderen Mann ein Kind zu bekommen, sagte sich auch Duras von ihrem Mann Robert Antelme los und band ihn in eine Art Ménage-à-trois mit Dionys Mascolo, den sie heiratete und von dem sie 1947 den Sohn Jean bekam. Die Männer wurden sogar Freunde. Wahrscheinlich wollte sie Robert Antelme nicht ganz aufgeben, ihn, diesen gutmütigen und treuen Gefährten, der all ihre Stimmungsumschwünge und ihre flatterhafte Sehnsucht ertragen konnte. Die Romanfigur lässt ihre Entscheidung bis zuletzt offen und beschreibt ausführlich diesen ausgemergelten, vom Dasein gezeichneten Mann.

»Er entschuldigt sich, daß es so weit mit ihm gekommen ist, zum Abfall heruntergekommen. Und dann erlischt sein Lächeln. Und er wird wieder ein Unbekannter. Aber das Wissen ist da, daß dieser Unbekannte er ist, Robert L. in seiner Totalität.«[109]

Vergangenheit und Zukunft passen nicht mehr zueinander. Die Gegenwart gleicht einem andauernden Abschied von dem, was einmal war. Nicht einmal am Strand, eine sonst so beliebte Kulisse in den literarischen Zeugnissen der Duras, wo die meteorologische Hitze mit den erhitzten Herzen zusammenfallen könnte, gibt es noch Erlösung vom Grauen:

»Er sitzt dort am Strand, er sieht die Leute kommen. Ich weiß nicht, wen. Wie er schaut, seine Art zu sehen, das war das, was als erstes in dem deutschen Bild seines Todes starb, als ich in Paris auf ihn wartete.«[110]

Signifikant fällt die Häufung des Begriffs Bild auf. In ihm findet hier metaphorisch der Tod statt. Dadurch macht die Autorin gezielt auf die filmische Gestaltung des Literarischen aufmerksam. Die Lakonie der Sprache, die reduktionistische Abfolge von Augenblicken und Impressionen, sie gleichen, wie Noguez herausstellt, der Plansequenz im Kino.[111] Im Kopf der Frauenfigur läuft somit buchstäblich ein Film ab, vielleicht einer, bei dem sie und die Zuschauer sich gleichermaßen fragen sollen: Ist das wirklich alles real? Kann es so viel Grauen auf der Welt geben, dass selbst das magische Band der Liebe zerreißt? Die Zäsur, die dieses Buch samt seiner unfassbar tragischen Geschichte für Schaffen und Denken der Autorin darstellte, kann in ihrer Tragweite allenfalls erahnt werden. Deutlich wird sie an dem Schreibverbot, das sich Duras unmittelbar nach 1945 selbst auferlegte. Es war der Ausdruck des Entsetzens, sowohl über die moralische Apokalypse Deutschlands als auch über die eigene Naivität, mit der sie zu Beginn noch das Treiben der Nazis beobachtet hatte.

»Nie mehr wird Marguerite den Blick von dieser Plebs der Deportierten abwenden können, die den Rohstoff zur Herstellung von Seife oder Lampenschirmen abgab [...]. Ihr ganzes Leben lang wird sie die Bilder von den Massengräbern, den ausgeklügelten Folterungen, den noch nie dagewesenen Erfindungen der Barbarei vor Augen haben.«[112]

In einer der letzten Videoaufnahmen von ihr äußerte sie, dass diese Gräuel noch den letzten Gedanken vor ihrem Tod ausmachen würden.

Besonders geprägt hat Duras darüber hinaus der US-Atembombenabwurf auf Hiroshima am 6. August 194. Mehr als zweihunderttausend Menschen wurden binnen Sekunden getötet.

Dieser martialische Tabubruch regte Duras zu einem weiteren Werk an, das Krieg und Zerstörung mit Liebe und Begehren in eine dramaturgische Spannungskomposition versetzte. Die Rede ist von der Drehbuchvorlage für den von Alain Resnais umgesetzten Film »Hiroshima mon amour« (1959). Entfesselt wird darin die alles vereinnahmende Verzauberung, die Liebe auf den ersten Blick: der beste Stoff für einen Bestseller, der Duras Weltruhm einbrachte. Dass die emotionale Eruption in kein Happy End mündet, hat ähnliche Ursachen wie der Verlauf der Geschichte in ihrem halbbiografischen Text »Der Schmerz«: Erneut führt der im Hintergrund nachwirkende Krieg in die Unmöglichkeit der Liebe. »Gerade weil der Ort vom Tod aufbewahrt wird, macht er die unglaublich banale Geschichte einer zufälligen Begegnung, einer zufälligen Liebe glaubhaft.«[113] Er legt sich als denkbar schwerstes Gewicht auf die ersehnte Leichtigkeit des Seins, die den Protagonisten, einer Schauspielerin, gespielt von Emmanuelle Riva, sowie einem Architekten, abhandengekommen ist. Die dreißigjährige Französin »ist gekommen, um einen Film über den Frieden zu drehen«,[114] und zwar geradezu provokativ in jener titelgebenden Stadt, die wie keine andere zur ikonografischen Topografie der Zerstörung durch die Atombombe wurde. Immer wieder stößt die sonnenklare Sicht der Protagonistin auf die Schattenwand an diesem Ort, etwa wenn sie pathetisch fragt: »Wie hatte ich ahnen können, daß diese Stadt nach den Maßen der Liebe gebaut ist?«[115] Doch was sie sagt, erweist sich auch als trügerische Wahrnehmung, die eben möglicherweise der Blindheit der Liebe geschuldet ist, stellt doch die Erzählerin noch zu Beginn fest: »Es ist unmöglich, von

Hiroshima zu sprechen. Alles was man tun kann, ist darüber zu sprechen.«[116] Diese beiden Sätzen fangen die Paradoxie dieses kontrastreichen Settings ein. Auflösen lässt es sich vielleicht nur so: Gerade weil es keine Worte für das grauenvolle Schicksal dieser Metropole gibt, muss man im Sinne stetiger Annäherung versuchen, Worte dafür zu finden. »Bei Duras«, hält Noguez fest, »spielt sich alles so ab, als wäre das Schreiben in seinem Vorrücken ein Sieg über die Abstraktion, über die Gleichgültigkeit (die Ungenauigkeit, die Allgemeinheit) der Abstraktion; als bedauere es das Unfühlbare, das Undefinierbare, die Unklarheit einer Empfindung – als wäre es eine Art und Weise, etwas *in Ordnung zu bringen*«.[117]

Es geht also um die Rekonstruktion einer verloren gegangenen Grammatik, die die erhoffte Konkretion des anfangs Nebulösen und Fragmentarischen gewährleisten soll. So zumindest ist die Utopie dahinter. Sie knüpft an Roland Barthes' Einlassungen in seinem Werk »Fragmente einer Sprache der Liebe« (1977) an. Das Subjekt »sucht […] gerade auf der Ebene des Satzes seinen Ort – und findet ihn nicht, oder findet einen falschen Ort, der ihm von der Sprache aufgedrängt wird«.[118] Die Sprachsuche in »Hiroshima mon amour«, die einen markanten Akzent auf die Stimme und das Wort legt, gleicht der Suche nach dem zwischen Ruinen verschütteten Raum der Liebe: »Diese so ungewöhnliche, so alltägliche Umarmung findet statt an dem Ort der Welt, an dem sie am schwersten vorstellbar ist.«[119] Der Spagat verleiht der Begegnung zwischen den sich verzehrenden Protagonisten seine markant-erotische Spannung. Ein Spiel aus Traum und Wirklichkeit, Licht und Schatten entfaltet sich.

Bereits im Text selbst bedient sich die Duras einer kinematografischen Schreibweise, die mit den Mitteln des Schnitts und insbesondere der Überblendung operiert.

Hierbei schieben sich Bilder der Vergangenheit wie Folien eines Palimpsestes vor die Gegenwart. Während die französische Leinwandikone und der Architekt, in dem sich eine Idealisierung der Figur des Chinesen aus »Der Liebhaber« manifestiert, bis an die ekstatische Grenze ihrer *relation amoureuse* gehen, scheint ein nicht verwundenes Trauma der Schauspielerin als hinderliches Moment immer mehr ans Tageslicht zu kommen. Verknüpft ist es mit ihrer Heimatstadt Nevers in Frankreich: Als zur Zeit des Zweiten Weltkrieges ihre jugendliche Beziehung zu einem deutschen Besatzer offenkundig wurde, richteten ihn die Bewohner des Ortes hin und bestraften die damals Achtzehnjährige, indem sie ihr die Haare abschnitten und markierten sie somit als Büßerin.

Ihr männlicher Zuhörer tritt nun im Gespräch mit der re-traumatisierten Frau in zwei Rollen auf. Konfrontiert er sie mittels seiner Fragen gezielt mit der unverarbeiteten Schmach, erinnert er damit an einen Psychotherapeuten. Das Ziel: Heilung durch Wiedererleben und damit Bewältigung.[120] Die Schauspielerin muss in ihr Unterbewusstsein vordringen. Nur so kann aus einer offenen Wunde vernarbtes Gewebe werden. Dazu gibt der Protagonist die entscheidenden Impulse, der die gesamte Konversation lenkt und moderiert.[121]

Darüber hinaus repräsentiert der Mann – und diese Funktion sticht natürlich unmittelbar ins Auge – den verlorenen Geliebten von einst. Dieser schimmert förmlich durch dessen Körper durch. »Wenn du im Keller bist, bin ich dann tot?«,[122] fragt der Japaner. »Du bist tot«,[123] bestätigt darauf die sichtlich in ihrer Erinnerungsschleife zirkulierende Französin. Er wird somit Teil des eruptiv emporkommenden narrativen Geschehens. Bereits in diesem Eintauchen in die Gedanken der Schauspielerin macht sich die Liebe bemerkbar, eine solche, wie sie beispielsweise Hegel philosophisch fasst: »Das wahrhafte Wesen der Liebe besteht darin, das Bewußtsein seiner selbst aufzugeben, sich in einem anderen Selbst zu vergessen, doch in diesem Vergehen und Vergessen sich selber zu haben und zu besitzen.«[124] Indem der Japaner sich selbst zurücknimmt, um in der Figur des ehemals Geliebten der jungen Frau aufzugehen (und auch dessen Tod zu ertragen), verschmilzt er mit der Schauspielerin. Hier mentalisiert sich das Sexuelle – und zwar als heilsamer Prozess, der spiralförmig verläuft. In Loops zwischen heute und damals verschwimmen die Konturen der Figuren, worin sich wiederum eine Nähe zu Roland Barthes »Fragmente einer Sprache der Liebe« auftut: »Jede Figur blitzt auf, vibriert allein wie der aus einer Melodie herausgelöste Ton – oder wiederholt sich bis zum Überdruß wie das Motiv einer in sich kreisenden Musik. Keine Logik hält die Figuren zusammen«. Vielmehr »prallen [sie] aufeinander, beruhigen sich, kehren wieder.«[125] Duras gewährt ihren Protagonist:innen keine Ruhepause. Im Gegenteil, sie inszeniert einen literarischen, packenden Film: »*Sie sehen Nevers. Sie sind alle beide ein wenig wie von Nevers Besessene.*«[126] Wo solch ein Wahn greift, ist keine Differenzierung mehr möglich. »Beide Geschichten«, so Lebelley, »verschmelzen ähnlich wie die Körper der Liebenden. Hiroshima-Nevers. Never more. Duras meint, sie in demselben furchtbaren Vergessen zu begraben, das es am Leben erhalten könnte.«[127]

Der Mann von damals und der jener in der kriegsgebeutelten Stadt scheinen sich ebenso gegenseitig zu überlagern. Das unverhoffte Aufeinandertreffen der Schauspielerin mit dem Japaner vergleicht sie in diesem Kontext mit einem Seitensprung gegenüber dem verstorbenen Soldaten. Letzteren spricht sie als imaginäres Du direkt an: »Ich habe dich heute mit einem Fremden betrogen. Ich habe unsere Geschichte erzählt. Sie war, da siehst du es, erzählbar. Seit vierzehn Jahren hatte ich ihn nicht wiedergefundenen … den Geschmack an einer unmöglichen Liebe.«[128] Diese darf allerdings keine Leerstelle bleiben, sondern muss erzählt werden. Deswegen bricht die Schauspielerin mehr und mehr ihr Schweigen, ringt um Worte, wo zuvor ein beklemmendes Schweigen herrschte. Erst indem ihr das Erzählen gelingt, also indem sie eine Linearität der Ereignisse rekonstruiert, verhindert sie einen erneuten Fall ins Bodenlose. Sie schafft, bildlich gesprochen, ein stabilisierendes Netz aus Worten. Daniel Just hebt in Bezug auf die Charakterentwicklung auch die Bedeutung der Pausen hervor, dass der Text Mut zur Stille besitzt und gerade in dieser Leere Raum für die offene Begegnung zweier Menschen schafft.[129] Es bedarf dieser Lesart zufolge auch der kurzen Augenblicke des Nicht-Sagens, um Raum für den Anderen zu lassen. In dieser intersubjektiven Öffnung tut sich offensichtlich erst die Möglichkeit auf, die Last der Erinnerung gemeinsam zu tragen.

Erzählen als Kitt, Erzählen als Friedensstiftung – Erzählen als Ausdruck der Liebe, selbst der unmöglichen und vermeintlich illegitimen. Es hält fest, archiviert und lässt aber das Gesagte immer wieder los. Einerseits bekennt die Schauspielerin: »Nevers, das ich vergaß, heute abend möchte ich dich wiedersehen«,[130] andererseits zeigt sie Bereitschaft zur Distanznahme: »Kleine Geschorene von Nevers, ich gebe dich dem Vergessen anheim heute abend.«[131] Eben in diesem Pendeln findet die Dynamik eines wachen Gedächtnisses statt, das im Hier und Heute verortet ist, und vermag den Rekurs auf ein Gestern zuzulassen. Es wird damit Teil der Identität der Protagonistin. »Und dein Name ist Nevers«,[132] betont daher zuletzt der Japaner, der nicht zufällig den Beruf des Architekten ausübt, trägt er doch entscheidend dazu bei, dass sich aus dem seelischen Bruchwerk im Bewusstsein der Schauspielerin ein neues Gebäude errichten lässt. Sie kann es buchstäblich nur mit seiner Hilfe rekonstruieren.[133]

Was dabei entsteht, geht über die Heilung eines einzelnen Menschen hinaus. Das Schicksal der Schauspielerin ist repräsentativ und gibt damit zugleich einen Orientierungspfad für eine Gesellschaft vor, die das Gespräch über das Trauma verlernt hat. »Dank der kathartischen Wirkung der Liebe wird Vergangenheit – als individuelle und kollektive – vergegenwärtigt, der Sprachlosigkeit enthoben.«[134] Die Übertragung findet dabei durch filmische Mittel statt. Die Schauspielerin erinnert sich in bewegten Bildern und transferiert somit das Kinematografische ins Literarische. Nur mit dem Unterschied, dass nicht die Leinwandprojektion verinnerlicht wird. Vielmehr dringt der innere Streifen sukzessive nach außen. Duras betrachtet die Liebe durch die Brille der Regisseurin, der Schauspielerin und Zuschauerin gleichermaßen.

Die narrative Überblendung hat sich auch Alain Resnais' Leinwandrealisierung zu eigen gemacht. Exemplarisch offenbart sie sich in einer Szene, in der sich die Schauspielerin ruhend am Rande ihres Drehs befindet. Als sodann im Schuss-Gegenschuss-Verfahren der Japaner auftritt, drängt sich eine weitere Kurzhandlung förmlich ins Bild. Wir sehen Personen mit Plakaten, die Fotografien von Opfern des Atombombenabwurfs abbilden. Sie bewegen sich im Folgenden vor die Protagonistin. Erst indem sie dahinter hervortritt, wird sie wieder sichtbar, dann mit dem Architekten, während sie eine weiße Katze streichelt. Abstrahiert liest sich die Montage wiederum als Überlagerung der Liebe durch die tödliche Macht des Krieges, das Auftauchen des Tieres markiert – in der Friedensfarbe – hingegen den erst noch zu gewinnenden Raum für die amouröse Zweisamkeit. Die zerstörte Stadt ist indes immer da. Ihr kommt sogar der Status eines Akteurs zu.

Deutlich wird diese Aufwertung in einer längeren, von einem Voice-Over der beiden Hauptfiguren begleiteten

Sequenz. Thematisiert werden das Vergessen und das Ringen um das Wachhalten der Vergangenheit. »Wie du habe ich vergessen«, sagt die Schauspielerin. Derweil beginnt eine Abfolge von Bildern des Tourismus, der neben ansehnlichen Gebäuden auch Stätten des Krieges ›vermarktet‹. »Atomic Tour« findet sich als Schriftzug auf einem Sightseeing-Bus. Erst als das Menetekel erklingt »Wir müssen uns erinnern, sonst wird sich alles wiederholen«, werden wir kurz abseits der Aufnahmen von Schaulustigen eines zerstörten Gebäudes, eines Mahnmals, gewahr. Dann folgt ein harter Schnitt und erstmals erscheinen in dieser Sequenz zu der Erwähnung von 200 000 Toten die sich liebenden Körper der Schauspielerin und des Architekten. Ein weiterer harter Schnitt schafft den Übergang zu den Ortsaufnahmen: Wüstenartige Plätze, verlassene Straßenzüge werden nun von der Kamera fokussiert. Während anschließend zu Bildern des Flusses Ōta eine friedliche Blasmusik einsetzt, spricht die Schauspielerin in geradezu ironischem Kontrast zur scheinbaren Harmonie vom vergifteten Wasser des mehrarmigen Gewässers. Die zweite einsetzende, mit weicher Überblendung hergestellte Körperaufnahme wird dann mit der Überquerung einer Brücke assoziiert. »Ich treffe dich«, äußert die Schauspielerin, wodurch diese kurze Bilderabfolge unmittelbar mit der Begegnung, ja einer Vereinigung verbunden wird. Wenn sie ferner die paradoxe Zuschreibung vornimmt: »Du tötest mich. Du machst mich glücklich«, akzentuiert sie die für Duras' Texte so prägnante Spannung des Liebesbegriffs, insofern Erfüllung und Tod aufs Engste miteinander verknüpft werden. Auch die ästhetische Gestaltung der Szene unterstreicht die Widersprüchlichkeit. Denn Text und Ton gehen hierin nicht konform. Daran verdeutlicht Resnais, dass die ganze Körperlichkeit des Aufeinandertreffens von Anfang an begrenzt und fragil zu sein scheint.

Die das Zueinanderfinden zweier Liebenden versinnbildlichende Überquerung des Flusses mündet in der weiteren Sequenz konsequent in der Leere, nämlich einer Fahrt durch die Einkaufsstraßen Hiroshimas. Die Stadt wirkt wie ein Organismus und entpuppt sich beim genaueren Hinsehen doch als ein Skelett. Da Lebendigkeit, wie sie vom Koitus der beiden ausgeht, nicht mehr über die Bildebene transportiert wird, bleibt schlussendlich nur noch die Sprache als Zeichen des Vitalen. Die Sprache dominiert alle Filme der Duras. Sie erweitert das sichtbare Kino um ein Inneres. Auch für die Liebe hat dies eine Bewandtnis. Sie wird doppelbödig, wirkt auf der Oberfläche und im Subkutanen, wodurch sie vor allem eine Eigenschaft annimmt: ihre Unberechenbarkeit.

Tabuisierte Liebe – vom Ehebruch zum Inzest

Obgleich Duras' Texte für ihre leidenschaftlichen Expeditionen berühmt sind, täuscht nichts über eine wichtige Gegenspielerin hinweg, die schon im Kontext von »Der Schmerz« auftaucht: die Zeit des Wartens. Ihre Macht wächst mit jeder Stunde, mit jedem Tag, der unerfüllt vorübergeht. Im Warten staut sich die Negativenergie der Enttäuschung, die sich irgendwann gewitterartig entladen muss. Zumindest auf einen erlösenden Wetterumschwung, am besten mit reichlich Regen, hoffen auch die Protagonisten in Duras' Roman »Die Pferdchen von Tarquinia« (1953) vergeblich. Gewiss fällt dieses Werk aus dem Rahmen ihrer anderen Entwürfe, befassen sich die meisten von ihnen doch mit den wilden Wirren der Liebe, mit selbstzerstörerischen Affären und hemmungslosen, instinktiven Formen erotischer Begegnungen mit dem unwiderlegbaren »Duras-Effekt«, von dem die französische Schriftstellerin Hélène Cixous treffend sagt: »daß etwas ausströmt, das sehr stark ist. Vielleicht ist ihr Text dafür gemacht, damit das verströmt, damit es nicht behalten wird, wie diese Figuren, die sich immer nach außen verströmen«.[135]

Von alledem findet sich nichts in dem an der italienischen Mittelmeerküste situierten Romanplot, wo Duras einst mit Robert Antelme und ihrem Geliebten Dionys Mascolo sowie dem befreundeten italienischen Schriftsteller Elio Vittorini und seiner Freundin den Sommer verbrachte. Der titelgebende Ort ist Programm. Eine Terrakottaplatte mit geflügelten Pferden säumt die Gräber der etruskischen Stadt unweit des Golfes von Neapel. Von Anfang an ist daher der Tod Teil der Story. Seine leise Präsenz noch nicht ahnend, verbringen zwei Paare ihre Ferien dort. Inmitten einer unerträglichen Hitze. Wie so viele Figuren der Autorin sind auch sie auf der Reise, wobei der reale Ort nur die Kulisse für eine *rite de passage* ins Unbewusste darstellt. Hier schlummert das verpasste Leben im Schatten gesetzter bourgeoiser Verhältnisse, in die man sich eingefunden hat. Das Verdrängte sowie Träume bahnen sich Schritt für Schritt einen Weg ins Sichtbare. Mehrfach wiederholt der Text den durch die sengende Sonne verursachten Stillstand, gerade um die Monotonie als Geburtsort eines vermeintlichen Ausbruchs zu zeigen.

Zunächst liegt man am Meer und trinkt eine Menge Campari. Doch seine Bitterkeit vermag nicht, die sich regenden süßen Gefühle zu unterdrücken. In Sara wirkt das Begehren, wirkt der Wunsch, aus dem Korsett der treuen Zweisamkeit mit ihrem Mann Jacques auszubrechen. »Ich könnt es mit fünfzig Männern«,[136] äußert sie, die sich bald in einen Fremden verlieben wird. Es ist der Mann mit dem Motorboot, der plötzlich im Dorf auftaucht. Indessen zieht es ihren Mann in die Arme ihrer Freundin. Nur folgerichtig äußert er im Rausch der Gefühle: »Es ist ermüdend, paarweise zu leben. Für jedes Paar.«[137] Dass sich jenseits der sichtbaren Ebene, die uns die auf strenge Außensicht beschränkte Erzählinstanz vermittelt, ein Begehren entwickelt, legen auch verschiedene intertextuelle Verweise nahe. Wer Duras' Schlüsseltext »Der Liebhaber« gelesen hat, eine, wie gezeigt wurde, literarische Ausprägung extremsten dionysischen Treibens, mag einige Spuren in »Die Pferdchen von Tarquinia« wiederentdecken. Zum Beispiel sei der Fährmann erwähnt.[138] Zuvorderst aber tritt das fließende Gewässer in den Blick, als Sara tatsächlich den Tabubruch mit dem Unbekannten wagt: »Er küßte sie. Dann entfernte er sich um einen Schritt von ihr. Sie rührte sich nicht. Sie blickten einander an. Sara sah in seinen Augen den Fluß, wie er glänzte.«[139] Nachdem ihre Erzählposition anfangs noch auf eine bloße Beobachtung reduziert ist, taucht sie mit der Assoziation zum Fluss gleitend in das Innenleben Saras ein. Darin ist die Urszene aus »Der Liebhaber« wiedererkennbar, die auch ein biografischer Erweckungsmoment in den Jugendjahren der Autorin war. Die intertextuelle Referenz auf diesen Roman wertet die körperliche Begegnung zwischen den beiden Figuren, dieser sich kurzzeitig ganz der Gegenwart Hingebenden in »Die Pferdchen von Tarquinia« auf. Als wären Saras Gedanken fortan infiltriert, koppelt sie im Weiteren das Bild des magisch Fremden mit dem ihres Partners. »Sie sah ihm beim Ausziehen zu. Sie hatte an ihn gedacht, seit der Mann weggegangen war, an ihn und an den Mann. Und während er sich auszog, dachte sie noch daran.«[140] Die »Lust [...] zu betrügen«,[141]wird klar angesprochen und thematisiert.

Der Fluss kommt derweil immer wieder als Sehnsuchtsmotiv im Roman vor.[142] Abseits seiner funktionellen Bedeutung für das textübergreifende Spiel erlangt er als Metapher Relevanz. Er repräsentiert den unstillbaren Wunsch, den unter der Hitze sich verstärkenden Willen zum Grenzübertritt. Zwar macht Sara Anzeichen, das Tête-à-Tête als abgeschlossene Episode abzuspeichern, zumal sie dem »Mann« gegenüber äußert: »Der Gedanke freut mich, [...] dich geliebt zu haben«.[143] Die Begehrte befördert seine Lust, er schwärmt davon, sie zu »haben«, am besten »sogleich«.[144] Statt das Verlangen mit ihm auszuleben, verlagert Sara beider emotionale Anziehung auf ein Surrogat, nämlich ein Geheimnis. Mehrfach kündigt sie dem Fremden an, dass die anderen sein Boot nachts zu stehlen vorhätten. Die Einweihung des Betroffenen in den lausbubenhaften Plan, der lediglich sein Erschrecken hervorrufen soll, macht sie zu Verbündeten. »Wenn du dich wunderst«, sagt sie zu ihm, »werden sie alles erraten. Denk daran.«[145] Aus Begehrenden werden Komplizen. Ein gemeinsames Drittes dient mithin als imaginärer, verborgener Ort, den eben nur die zwei Protagonisten kennen.

Dieser *locus amoenus* für eine verbotene Erotik evoziert im großen Kontext die Grundfrage des Romans: Was ist Liebe und was Liebschaft? Was Begehren und was tiefe Verbundenheit? Dass die Figuren darüber ins Wanken geraten, offenbart ein markanter Dialog zwischen Sara und Jacques:

»– Seit einigen Jahren, sagte sie, manchesmal in der Nacht, da träume ich von neuen Männern.
– Ich weiß, auch ich träume, träume von neuen Frauen.
– Was also machen?
– Keine Liebe der Welt ersetzt die Liebe, da ist nichts zu machen.«[146]

Sowohl Sara als auch ihr Gatte hegen also den Wunsch nach Affären. Nur sprechen sie ihn nicht aus. Vielmehr scheinen sie Liebe und Seitensprünge nicht definitorisch zu trennen, was die tautologische Formel von der Liebe, die keine andere ersetze, veranschaulicht. In der Klarstellung schwingt mit, dass kein Verliebtsein die Liebe als gewachsene Struktur zu supplementieren vermag. Dies wäre eine Auslegung des Satzes, die notwendig wird, weil keine Erzählinstanz eine Konkretisierung vornimmt. Duras will die Volatilität der Gesamtsituation aufrechterhalten, weil sie die Grenzen der Sprache aufzeigen will. All ihre Bücher spielen mit dem vorbegrifflichen Arkanum der Anziehung und Hingabe. Es sind »Geschichten, die wie Verstecke sind«.[147] Ihr Sog entsteht gerade durch die unterlassene Ausführung respektive Charakterisierung dessen, was konkret gemeint ist.

Hieraus resultiert auch die emotionale Komplexität. Duras' Figuren, im vorliegenden Fall Sara, sind zerrissen zwischen der Ratio und der gesellschaftlichen Konvention auf der einen und den triebbestimmten Sehnsüchten nach Abenteuer und Erfüllung auf der anderen Seite. Die Protagonistin in »Die Pferdchen von Tarquinia« wird sich schließlich für die öffentliche Moral, für Treue und Beständigkeit entscheiden – also gegen den auch von Duras vertretenen Grundsatz, dass die Liebe eine »revolutionäre Kraft [sei], weil sie gesellschaftliche Bedingungen verlangt, die es ermöglichen, die Fülle des Lebens zu erfahren. Sie ist eine Revolte gegen die Prosa schlechter Verhältnisse.«[148] Saras Liebe erlangt nicht die Stärke, das soziale Korsett der Vernunftkultur zu sprengen. Als der Mann sie noch einmal zu einem letzten Tanzabend einlädt, wiegelt sie mit einer oxymorontischen Erklärung ab: »Sowas gibt's nicht, Hochzeitnächte des Ehebruchs«,[149] auch und gerade im Wissen, dass es »ermüdend [ist], paarweise zu leben«.[150] Die Ernüchterung angesichts monogamer und offensichtlich monotoner Zweisamkeit mündet am Ende des Romans in folgender Conclusio:

»– Es gibt keine Ferien für die Liebe, sagte er, sowas gibt's nicht. Liebe muß man ganz leben samt ihrer Langeweile und allem, davon gibt's keine Ferien, das ist nicht möglich. Er sprach, ohne sie anzusehen, zum Fluß hin.
– So ist sie, die Liebe, sich ihr entziehen, das gibt's nicht. So wenig wie dem Leben, seiner Schönheit, seiner Scheiße und seiner Langeweile.«[151]

Die mehrfache Verneinung »gibt's nicht« unterstreicht schon formelhaft die Entzauberung dessen, was Liebe sein kann.

Zumindest wenn man sie vordergründig mit Leidenschaft verknüpft. Im Gegensatz dazu plädiert Jacques für die Constantia. Liebe wird von ihm als ganzheitliche Konstruktion beschrieben, die zum einen, da ihr ja keine Ferien zustehen, zeitlich immer gilt, zum anderen die Langeweile einschließt. Sie muss somit nicht nur ge-, sondern gleichsam ertragen werden, muss eine grundlegende Verantwortungspflicht einschließen.

Wer solche Gedanken hegt, steht der Duras fern. Wohl auch aus diesem Grund distanzierte sie sich später immer wieder von dem Roman. Zu brav sei er ausgefallen, zu betulich, gerade auch im Vergleich zu allen anderen Geschichten über Frauen und Männer, die sich sonst in ihren Romanen ins Ungewisse stürzen. Markant mutet an der zitierten Passage erneut die Flussreferenz an. War sie bislang vor allem an Saras Wahrnehmung und Träume gebunden, scheint sie ihr Mann gewissermaßen okkupiert zu haben. Seine bisherige Bedeutungszuschreibung, die sich auf hemmungslose Leidenschaft sowie den Zauber des Anfangs bezog, wird neu semantisiert. Nun erinnert er an ein Gewässer, das ruhig durch eine flache Landschaft zieht. Besonders hervorzuheben ist diesbezüglich, dass die Moral ein Mann vertritt, wodurch ihre Allgemeingültigkeit abgeschwächt wird. Deutlich wird dadurch der patriarchale Blick, der sich zugleich mit den sozialen Normen engführen lässt. Die emotionale Autonomie der Frau findet an dieser Stelle kaum mehr Beachtung. Zu sehr hat Sara selbst die Werte der Gemeinschaft internalisiert, um dagegen aufzubegehren. Das Ende kommt zum Stillstand des Anfangs zurück. Zur alles durchdringenden, ermattenden Hitze. Sara bleibt in ihren wohlbekannten Strukturen verhaftet, nicht zuletzt weil ihr doch der Wille zum Aufbruch fehlt in diesem Sommer, der auf beklemmende Weise keine Aussicht auf Abkühlung verspricht. Spätestens an diesem Ausgang vermittelt sich die Vorbehaltlichkeit einer

Lesart, die in der Story vornehmlich ein (biedermeierliches) Lehrstück auf Verantwortung und Treue in der Partnerschaft sieht. Der Stillstand der Figuren gleicht letztlich einem symbolischen Tod. Er ereignet sich hinter den gebrochenen Fassaden der Bürgerlichkeit und überragt doch von Anfang an alles, allein schon durch den Titel. Der Tod, verdichtet im antiken Erbe von Tarquinia, umgibt räumlich und physisch jenes Setting, in dem sich die Figuren zu Gefangenen ihrer eigenen Moral gemacht haben. Der Fluss wird nicht überschritten, alle Grenzen bleiben gewahrt, aus Angst einen folgenschweren Tabubruch zu begehen.

Vor ihm schrecken schließlich auch zwei weitere Protagonisten in einem zu Unrecht übersehenen kleinen Bühnenwerk von Duras zurück. Es trägt den Titel »Agatha« (1961) und hat als Hauptfiguren den lediglich anonym benannten »Er« und die titelgebende »Sie« zum Zentrum.

Dass man bei dieser inzestuösen Konstellation zunächst an Robert Musils Klassiker »Der Mann ohne Eigenschaften« (1930) denkt, in dem die geliebte Schwester des Protagonisten ebenfalls und wohl nicht zufällig den Namen Agathe trägt, mag plausibel erscheinen. Weitaus bedeutsamer dürfte jedoch die autobiografische Dimension dahinter sein. Gerade in ihrem frühen Werk »Heiße Küste« beschäftigt sich Duras intensiv mit dem Leben ihrer Brüder. Neben den Eskapaden des großen Bruders richtete sie ihren Fokus auch auf den leider früh verstorbenen kleinen Bruder. Eine tiefe Nähe empfand sie zu ihm und ließ ihn in ihren Text daher immer wieder auferstehen. Zum einen griff sie dessen Schicksal in »Yann Andréa Steiner« (1992) auf, worin eine Frau eine amouröse Anziehung zu einem Kind verspürt, zum anderen erwies sich die Geschichte um Verlust und Abschied als Hintergrundkulisse für »Agatha«.

Der frühe Tod des Bruders markiert dabei von Beginn an das Schweigen. Etwas steht im Raum, kann aber noch nicht konkretisiert werden. Die leuchtende Mitte ist leer, um die er und sie wie Glühwürmchen herumschwirren. Anfangs dominiert die Wortlosigkeit zwischen ihnen – bis im Laufe der lakonischen Konversation ein Bekenntnis von ihr folgt: »(leise): Ich liebe dich«.[152] Es geht somit auch in diesem Stück um amouröse Hingabe, die, durchaus dem Fall der Lol V. Stein ähnelnd, beinah in den Wahn kippen wird. Dies legt mitunter eine vielsagende Regieanweisung nah: »*Man könnte meinen, daß die Vernunft zurückkehrt, aber noch immer ist diese ungewöhnliche Sanftheit zwischen den Liebenden.*«[153]

Offenkundig wird der Bedeutungsverlust der Ratio, als die Er-Figur von ihrem Weggang erfährt. Sie will fortziehen und evoziert bei ihrem Gegenüber eine existenzielle Angst. Für ihn geht es um nicht mehr und nicht weniger als um das Seelenheil, das Leben: »Ich kann nicht, verstehen Sie, ich kann nicht ohne Ihre Augen, eingeschlossen innerhalb dieser Grenzen.«[154] Als würde er einen Teil seiner selbst verlieren, zerfallen schon die Sätze zu Ellipsen. Aus ihm spricht hier nur noch der Körper – oder wie man mit Georges Bataille sagen könnte: »Eine Gewaltsamkeit, die von der Vernunft nicht mehr überwacht wird, beherrscht diese Organe, spannt sie bis zum Platzen«.[155] Diese Eruption wird in Duras' Text auch wahrhaftig. Je stärker die Verlustangst in der Brust von ihm anschwillt, desto weniger vermag er seine Regungen zurückzuhalten. »Ich werde schreien. Ich schreie«,[156] bekundet er, worin sie ihn noch bestärkt. Die Klimax reicht bis zur Ankündigung: »Ich werde sterben.«[157] Abseits der Dramatik und Zuspitzung wird die existenzielle Bedeutung dieses Momentes anschaulich, wenn man den intertextuellen Verweis des Schreiens ernst nimmt bzw. bemerkt. Denn den Hintergrund dafür bildet eindeutig die archetypische Figur der Lol V. Stein. Ihr Schrei ist wie ein Geist, der in gleich mehrere Figuren hineingefahren ist, den Vize-Konsul und nun auch in ihn. Der Wahn kennt keine

Grenzen, erweist sich stets als Schatten der unerfüllten Liebe in Duras' Werk. Er gleicht einem ständigen Begleiter, der einen im falschen Augenblick zu verschlingen droht. Zugleich richtet er sich in der konkreten Geschichte gegen das Stillschweigen über die inzestuöse Anziehung.

Doch stärker als die »Ruhe des Verbots, das unser Gesetz ist«,[158] fällt eben die Angst aus, die, dem Protagonisten zufolge, »identisch ist mit der ihrigen, mit der Angst Agathas vor dem Meer, vor ihrem Versinken im Meer«.[159] Jenseits des Aussprechens der drei Worte »Ich liebe dich« nutzt er die Paraphrase. Weil nur so ihr gemeinsames Geheimnis gewahrt werden kann. Sobald die Bekundung ausgesprochen wird, gilt sie als Besitz. Und der Besitz korreliert in Duras' Kosmos immer mit dem Tod der Liebe. Die beiden Protagonisten sind ihren Gefühlen somit auf das Nonverbale beschränkt, jenen Teil der Liebe, der weder ausgesprochen werden will noch ausgesprochen werden darf. Er spricht demnach von »diese[m] Schatten auf dem Lächeln, der Sie so begehrenswert macht und von dem alleine ich weiß, was er ist«.[160]

Dieses fortwährende Ringen um die richtigen, aber lediglich die Oberfläche dieser besonderen Beziehung wiedergebenden Worte spiegelt sich in der schleifenartigen Bewegung eines Flusses, der im konkreten und übertragenen Sinn zur Kindheit der beiden zurückführt. Es ist die Rede davon, »daß der Fluß gefährlich sei, Sie haben erklärt, was die Vertiefungen im Wasser bedeuteten und die Wirbel und die Strudel, die sich im Sommer der Körper von Kindern bemächtigen und sie im Sand des Grundes des Flusses vergrüben«.[161]

Diese von ihm beschriebene Erinnerung erlangt besondere Relevanz, wenn man den weiteren Bildgebrauch einbezieht. In Duras' typischer Abstraktion und Reduktion wird der Lauf mit der unausgesprochenen Wahrheit über die Beziehung der beiden verquickt: »Wir haben nicht darüber gesprochen, wir waren wie die anderen Kinder, wir sagten nichts zueinander, höchstens seit einiger Zeit, wegen des Altersunterschiedes zwischen Ihnen und mir, Dinge wie zum Beispiel die über den Fluß.«[162]

Wenn die »Dinge über den Fluß«, worin auch immer sie genau bestehen, Aussagen über die Beziehung der beiden liefern, dann muss logischerweise auch die zuvor mit dem Gewässer in Anschlag gebrachte Gefahr dafür gelten. Kinder können im Sommer dessen Tiefe unterschätzen und sogar sterben – genauso wie die sich Begehrenden den Abgrund unter ihrem Drahtseilakt vergessen bzw. verdrängen. Die Liebe kann verschlingen, den Sturz von der himmlischen Ekstase in den Strudel der Agonie bedingen. Zumal er und sie ein Tabu leben. Zwar nehmen sie von Beginn an eine seltsam anmutende Distanz ein, in der steten Ansprache in der dritten Person Singular. Je weiter die Konversation allerdings voranschreitet, desto mehr wird deutlich, dass wir es hierbei nicht mit zwei fremden Menschen zu tun haben. Es sind eben Geschwister. Deshalb ist der sprachlichen Entfernung trotz des vorherrschenden ernsten und teils pathetischen Tons durchaus eine gewisse spielerische Ironie inhärent. Duras macht sie sogar in einer späteren Regieanweisung als »*Parodie*«[163] offenkundig, in deren Folge man erst wieder »*zum Glück, über diese Liebe zu sprechen*«,[164] zurückfände.

Funktional dürfte die im Gegensatz zur bestimmenden Emotionalität der Szenerie stehende Förmlichkeit noch einen anderen Zweck erfüllen. Sie sorgt nämlich mithin für eine literarische Distanz, ähnlich dem Effekt des epischen Präteritums. Durchaus vergleichbar mit dem Sog in die Vergangenheit, in den die beiden Figuren in »Hiroshima mon amour« hineingeraten, tauchen ebenso er und sie in »Agatha« in eine zurückliegende und erneut aufflammende Liebesgeschichte ein. Ein poetischer Zug wohnt diesem Dialog inne:

»Sie: Wie waren ihre Augen?
Er: Blau.
Sie: Wie die seinen …
Er: Ja.
Sie (*Glückseligkeit*): Oh … diese Übereinstimmung …
Er: Dieses Glück …
Sie weinen. Schweigen. Sie schließen die Augen. Noch einmal dringen wir ein in etwas, was man nicht sehen kann.«[165]

Dieses ›Etwas‹ entspricht dem inzestuösen Geheimnis, diesem schon vor aller Zivilisation gelagerten innigsten Annäherungspunkt zweier Geschwister. Gewahr wird man seiner im unbeleuchteten Raum. Es heißt: »Die Augen sind unsichtbar. Der ganze Körper ist eingeschlossen unter den Augenlidern.«[166] Hier, wo es erlaubt ist, »Sie sind meine Schwester«[167] auszusprechen, bahnt sich eine Sehnsucht nach erotischer Vereinigung Raum. Denn »die Brüste, glaube ich, bieten sich den Händen, den Küssen des Mundes dar«.[168]

Ausgelebt werden diese Fantasien indessen nicht. Sie bleiben in Duras' kinematografischem Universum einer inneren Leinwand vorbehalten. Allerdings bleiben sie auch niemandem verborgen. Die Ähnlichkeiten, allen voran der Hände, sind auffallend. Und ebenso der Versuch der Eltern, die gegenseitige Anziehung der beiden durch eine Verheiratung mit anderen zu durchbrechen, zeugt von der Offensichtlichkeit des innigen Verhältnisses.[169] Die schmerzliche und zugleich erfüllende Wahrheit dahinter darf hingegen nicht gezeigt werden. Es herrscht ein quasi-religiöses Bilderverbot. Die nicht körperlich realisierte Liebe kann allenfalls in Gleichnissen verbalisiert werden. Es handelt sich um eine Übereinstimmung jenseits bekannter Narrative, die, überführt in einen beinah dichterischen Ton, dennoch zu einem gewissen Grad vermittelt werden will. Gleichnis, das kann auch Projektion bedeuten, das kann die Unmöglichkeit bedeuten, zwischen dem Wahren und dem Abbild überhaupt noch unterscheiden zu können. Besonders die von ihr im Laufe des Gesprächs vorgenommene Rückschau auf die ersten Liebeserfahrungen ihres Bruders führt in eine Bewusstseinsüberlagerung. Wie in Trance überblendet er verschiedene Erfahrungen der Annäherung und Anziehung:

»Der Körper meiner Schwester liegt da, im Schatten des Zimmers. (Pause) Ich kannte den Unterschied nicht, den es gab zwischen dem Körper meiner Schwester und dem einer anderen Frau. (Pause) Die Augen sind geschlossen. (Pause) Sie weiß jedoch, daß ich komme.«[170]

Ähnliches berichtet sie über initiierende Erfahrungen mit einem anderen Mann:

»Ich kannte den Unterschied nicht zwischen dem Blick meines Bruders auf meinen nackten Körper und dem Blick eines anderen Mannes auf diesen Körper. Ich wusste nichts davon, von meinem Bruder, von diesen verbotenen Dingen, weder wie entzückend sie waren, sehen Sie, noch wie sie, in solchem Maße, in meinem Körper enthalten waren.«[171]

Wer spricht? Isis und Osiris? Zwei Hälften ein- und derselben Person? Diese An-Gleichung der Körper bzw. der Vorstellungen von ihnen erzeugt eine kaum auszuhaltende, explosive Spannung zwischen ihm und ihr. Vor allem auch, weil sich erste sexuelle Erfahrungen wie ein Schirm dazwischenschieben.

Im Sog der Projektionen beider reicht der Blick bis zu Agathas »erstem Mal«, einer traumatischen Zäsur, zurück. Um sie nach dem sexuellen ›Erwachsenwerden‹ zurück ins Paradies zu holen, hat er am Tag nach der Entjungferung »ihren Kindernamen ausgesprochen. *(Pause)* Sie haben geweint. *(Pause)* Sie haben mich gebeten, ihnen zu verzeihen.«[172] Er stellt damit die verlorene »Vollkommenheit«[173] wieder her. Dass dies imaginär erfolgt, ist typisch für alle Texte Duras', in denen die körperliche Liebe oder deren Fehlen den Figuren schwer zusetzen. Es sind eben erneut die Worte, die über die Wirklichkeit triumphieren und über einschneidende Erfahrungen hinweghelfen. Worte, die sowohl konfrontieren als auch bislang verschlossene Türen öffnen können. Gleichsam handelt es sich auch um Worte, die die unüberwindbare Distanz zwischen Körper und Sprache dokumentieren. Die Liebe bleibt, gerade auch in ihrer Übersteigerung, auf das Kopfkino beschränkt.

Obwohl die an sie gebundenen Fantasien in »Agatha« ebenso Schmerz hervorrufen, da sie den Abschied ankündigen und realisieren, konturieren sie zugleich einen Schutzraum. Eine Regieanweisung gibt darüber eindeutig Auskunft: »*Während sie zueinander sprechen, als ob es ihnen unmöglich wäre, einander anzusehen, ohne unweigerlich Gefahr zu laufen, Liebende zu werden*«, findet sich in diesem freien Fall aller Gefühle eine stabilisierende Gewissheit: »*Sie sind beide eigentlich in der Kindheit ihrer Liebe geblieben.*«[174] Für diese Sphäre gelten gänzlich andere Gesetzmäßigkeiten. Als verschlossener, privater Raum muss sie bewahrt werden. Damit geht die Entscheidung einher, »einander Sie zu sagen […] als Spiel, sagten wir, und die Leute fanden es lustig«.[175] Was zwischen dieser Distanz passieren kann, ist – jenseits des Bühnenspektakels für Außenstehende – allein den Geschwistern vorbehalten.

Die darin waltende Imaginationskraft schlägt beinah schon literarische Volten. »Sie erfinden«,[176] äußert er einmal lakonisch, woraufhin ihre Replik lautet: »Ich weiß nicht. Ich glaube nicht.«[177] Unzweifelhaft schimmert die Autorin durch die Protagonistin durch, als Mädchen, das zu früh den geliebten jungen Bruder verlor. Es spricht auch die

Tochter, die nach einer späten Versöhnung mit der Mutter strebt. Auch in »Agatha« ist sie bereits gestorben und wird mit »unserer Liebe«[178] gewissermaßen nobilitiert. Sie ahnt als Einzige die wahren Emotionen hinter der Fassade der Geschwister und weiß zugleich um deren Fatalität. So »hat sie gesagt: ›Ihr habt das Glück, eine unvergängliche Liebe zu leben, und eines Tages werdet ihr das Glück haben, daran zu sterben‹«.[179] Margret Brügmann deutet dieses Gebot der Mutter als einen Aufruf der Tochter, ihren Sohn als Göttersohn zu begreifen und die Behütung jenes Messias an ihrer Stelle fortzuführen. Es ist die Anleihe an eine Pietà, die die Tochter mit ihrem angekündigten Fortgang jedoch nicht annehmen will.[180] Vielleicht lässt sich auch nur so gewährleisten, dass die geheime Dritte im Bunde dieses leeren Zimmers, die Mutter, nicht das Band zwischen beiden belastet. Anwesend ist sie im Hier und Jetzt nämlich auf unleugbare Weise, nicht zuletzt in einer markanten »Überleitung« – infolge einer von mehreren Liebesbekenntnissen –: »›Das Meer ist lau‹. Meer und Mutter bilden hier eine Erinnerungskette. Auch fällt auf, daß viele Erinnerungsfragmente der Geschwister am und im Meer lokalisiert sind. Duras stellt einen direkten Zusammenhang her zwischen Mutter und Meer. Über Anne-Marie Stretter sagt sie: ›Sie vereinigt sich wie im Meer … sie vereinigt sich mit dem indischen Ozean, wie mit einer Art Mutter-Meer‹. Die Zusammenfassung von Mutter und Meer ist bei Duras sicher zu einem gewissen Teil biografisch einholbar; man denke an das Grundstück, das die Mutter gekauft hatte und das vom Meer überspült wurde. Es scheint, als sei dieses frühe Erlebnis bei Duras zu einer Allegorie der Überwältigung geworden«.[181]

Nicht zufällig klingt im französischen Begriffspendant *mère* (Mutter) das *mer* (Meer) an.[182] Mit dem Wasser hat die Mutter die Vorstellung eines alles verbindenden Ursprungs gemein. Sowohl der Ozean als auch die Gebärmutter erweisen sich als Orte, an denen die Welt ihre Einheit noch nicht verloren hat. Außerhalb dieser Sphären scheint der *locus amoenus* allerdings nicht mehr rekonstruierbar. »Marguerite Duras' Theater ist ein Trauerspiel der ersten Trennung, des ersten Verlustes. Doch der erste Verlust ist auch der Verlust der Unschuld. Die Gewalt ist korrelativ der Trennung, der Ausbildung des ersten Ichbildes. Begehren und Gewalt sind nicht zu trennen.«[183]

In der pränatalen Verschmelzung mit der Mutter ist das Kind hingegen noch Teil eines geschlossenen Organismus. In ihm liegt genauso wenig eine Trennung vor wie in der auf Verschmelzung ausgerichteten Sexualität. Die Mutter repräsentiert somit eine Urkraft, insbesondere jene des Begehrens. Sie treibt auf differenzierte Weise die Protagonisten an, spiegelt die öffentliche Moral und die soeben beschriebene Kraft der Überwältigung gleichermaßen. Ferner transzendiert sie in ihrer religiösen Überzeichnung. Sie selbst ist tot und somit Teil einer anderen Sphäre. Eben in dieser Sphäre wird zugleich der einzige Raum erkennbar, der dieser unmöglichen Liebe gegeben ist. Sie kann und darf nicht rein irdisch werden. Sie darf nicht fleischlich werden. Sie muss im Reich der Ideen und Wünsche bleiben. Nur so, besitzlos und ungreifbar, verteidigt sie ihre Vollkommenheit.

Die wichtigste Paradoxie kommt dabei in der Sprache zum Tragen. Indem sich Duras so häufig auf Gesten wie auch die Betonung der Räumlichkeit der Villa Agatha, deren Name wiederum den Schutzcharakter der Schwester für den Bruder unterstreicht, kapriziert, hebt sie das zeitweise Schweigen zwischen den Figuren umso mehr hervor. Ihre Liebe erstreckt sich auf eine Unsagbarkeit. Das Paradies ist ein vorsprachliches. Vor allem weil das Aussprechen unabwendbar mit einer Banalisierung einherginge. Was in der Welt ist und definiert werden kann, hat allen Zauber, hat alle Metaphysik, hat alles Überragende eingebüßt. Man kann so weit gehen, dass selbst der lange Verzicht auf ein Du für den Versuch steht, den anderen und die Beziehung zu ihm nicht zeichenhaft der eigenen Kontrolle zu unterwerfen. Das distanzierte Siezen, das schließlich auch für die typische Anonymität und Verschlossenheit der Protagonist:innen in Duras' Kosmos steht, es wahrt im Falle dieses Textes auch den weiten Raum einer unmöglichen, überweltlichen und bis ans Numinose reichenden Liebe.

Sie braucht die Spannung zwischen Distanz und Nähe genauso wie jene zwischen Ekstase und Verbot. Da diese Liebe in dieser Interpolarität letzthin unlebbar bleibt, kann sie weder scheitern noch Erfüllung finden. In sie hineingeworfen, ist man zur Unstetigkeit verurteilt, was allen voran der Schluss des Textes offenbart. Denn trotz der Trennung scheint die Zukunft offen zu sein. Zwar reist Agatha nach ihren Angaben »für immer«[184] ab, schränkt die Endgültigkeit dieser Entscheidung hingegen ein. »Bis zu ihrer Ankunft innerhalb der Grenzen dieses neuen Kontinents«, ziehe es sie dorthin, »wo sich nichts weiter ereignen wird als noch einmal diese Liebe.«[185] Das klingt danach, als wäre es leichter, immer wieder neu mit dem Unglück zu leben, als sich mit dem vergangenen Glück abzufinden. Die Energie der Liebe soll also nicht versiegen, sie soll, bildlich gesprochen, den Blutkreislauf der liebenden Herzen weiter aufrechterhalten. Möglich wird dies, indem das für so viele Texte und Protagonisten der Duras zentrale Gedächtnis immerwährend die inneren Bilder zutage fördert. Wie etwa jene des einstigen Sommers, in dem sich beide entdecken. Er wirkt emotional so stark, dass die Vernunft keine Macht über das Handeln der Akteure erlangen kann. Denn »die Erinnerung daran ist stärker als wir, die sie mit uns tragen … als Sie, als Sie und ich zusammen vor ihr …«.[186] Personifiziert mutet sie wie eine dritte Figur in der unzerbrechlichen Dyade an, eine, die

die behagliche Ruhe und damit das Vergessen beständig zu verhindern weiß. Wie so oft sind auch diese amourösen Figuren, die wohl eines der drastischsten Tabus im Œuvre der Autorin repräsentieren, in ihren Erinnerungen gefangen. Sie ähneln Riva und dem Chinesen auf unvergleichliche Weise, da sie nicht ohne und nicht miteinander können. Sie begehren im Schatten der öffentlichen Moral. Passend dazu sind die Augen, so die letzte Regieanweisung in »Agatha«, geschlossen.[187] Dort findet sich vielleicht jener von Hegel paraphrasierte, utopische Raum der absoluten Harmonie: »Der Geliebte ist uns nicht entgegengesetzt, er ist eins mit unserem Wesen; wir sehen uns in ihm, und dann ist er doch wieder nicht wir.«[188] Und worauf träfe die Gleichzeitigkeit von Verschmelzung und Eigenständigkeit mehr zu als auf Geschwister, die demselben Leib entsprangen und sich im Rausch ihres Begehrens verlieren. Ihre Liebe ist ein Superlativ der Sehnsucht und damit eine der stärksten Anziehungen im Werkkosmos von Marguerite Duras.

Eine Liebe so groß wie Europa – Marguerite und Yann

Duras verewigte viele ihrer Beziehungen in Literatur. Sei es wie in »Der Liebhaber« jene Affäre mit dem reichen Chinesen während ihrer Jugend, sei es ein kurzes, aber intensives Abenteuer mit dem Romancier Gérard Jarlot, dem sie mit »Moderato Cantabile« (1958) ein Denkmal setzte, oder sei es ihre Ehe mit Robert Antelme, die Eingang in die beklemmende Chronik der Verzweiflung »Der Schmerz« fand – immerzu scheint es so, als würde erst ein Buch einen reflexiven Abschluss einer Liaison herstellen. Im Falle ihrer letzten Liebe, die zu der wichtigsten ihres Lebens wurde, entstanden die Texte anders als zuvor und in zahlreicher Form schon aus der Mitte der gemeinsam verbrachten Zeit. Der Name des Mannes, der die späten Jahre der Autorin wie kein anderer prägte: Yann Andréa. Als sie zusammenkamen – im Sommer 1980 –, war er als Philosophiestudent in Paris eingeschrieben und über vierzig Jahre jünger als die Grande Dame, die weltberühmte Schriftstellerin.

»Seit zehn Jahren lebte ich in einer sehr strengen, quasi mönchischen Einsamkeit mit Anne-Marie Stretter und dem französischen Vize-Konsul in Lahore und ihr, der Königin vom Ganges, der Bettlerin der Teestraße, der Königin meiner Kindheit«,[189] hält sie noch über jene Phase fest, bevor Yann Andréa begann, ihr Briefe zu schreiben. Über zwei Jahre hinweg fast jeden Tag einen. Sie, geflüchtet in eine eremitische Askese und ermüdet von der Banalität des Medien-, Kultur- und Politbetriebs, antwortete zunächst nicht. Sie genoss nur die Lektüre der offenbar von einem sensiblen Geist zeugenden Schriftsätze und verbrachte die Tage mit ihren Hühnern. Ohne sie zuvor getroffen zu haben und vom Sog ihrer Bücher verführt, schickte ihr ein sichtlich verlorener Mann Zeilen, die Duras bald schon mitten ins Herz trafen. »Es waren sehr kurze Briefe, kleine Mitteilungen, es waren, ja, so etwas wie Rufe aus einem unbewohnbaren, tödlichen Ort, aus einer Art Wüste. Diese Rufe waren von unbestreitbarer Schönheit.«[190] Hier fanden sich zwei, die einander brauchten. Die Gemeinsamkeiten liegen trotz erheblicher Unterschiede wie Alter und sexueller Orientierung auf der Hand: er suizidal,[191] Duras gerade erneut aus der Klinik zurückgekehrt. Medikamentenmissbrauch, Antidepressiva und natürlich ihre ewige Sucht: der Alkohol, der sie mitunter in Schwingung zum Schreiben versetzte.

Bevor Yann wie ein Heilsengel auftauchte, verdämmerte sie einerseits, andererseits schätzte und verklärte sie das Alleinsein. Die ganze Ambivalenz manifestiert sich in diesen Worten: »Es war die tiefste Einsamkeit meines Lebens, aber zugleich auch die glücklichste.«[192] Trotzdem entflammte wieder die Sehnsucht. Sie ließ sie nicht los. Auch weil sich diese anfangs einseitige Korrespondenz fundamental von all den Zuschriften ihrer Fans, die sie in ihrem abgeschiedenen Haus in Neauphle erreichten, unterschied. Einzig anwesend waren in diesen Monaten und Jahren des Rückzugs ihre Figuren. Lange genügten sie. Aber das änderte sich schlagartig, als Yann mit einem Mal nicht mehr schrieb. Jetzt musste sie antworten. In der Folge kam es zu einem Treffen, zu einem alles erneuernden Treffen: wie eine Erweckung aus einem Dornröschenschlaf.

Durch ihr Zusammensein wurde auch der Lebensmittelpunkt ein anderer. Sie und Yann wohnten zu Beginn hauptsächlich in Trouville, in einem Stranddomizil. Dort, im Norden Frankreichs, erinnerte sie sich erstmals wieder an das Meer in Indochina, das sie fortan in ihren Texten mit »S. Thala« chiffrieren sollte. Passend dazu bewohnten die frisch Entflammten das an den Kolonialstil der 1920er Jahre erinnernde Hotel Les Roches Noires mit dem Fenster zur Seeseite. Diese beiden verirrten Menschen trösteten sich nicht nur und standen einander auch physisch bei, nein, ihre geteilte Lebensmüdigkeit sollte der Ausgangspunkt einer erfüllten und höchst schöpferischen Beziehung sein, eine, die die Vollkommenheit und völlige Unmöglichkeit der Liebe einschließt. Festgehalten werden diese Jahre in gleich mehreren Büchern. Am deutlichsten gewiss in »Yann Andréa Steiner« von Duras und »Diese Liebe« (1999) von Andréa. Obgleich ihr Text etwas im Abseits des ansonsten riesigen Werkkorpus der Autorin steht, kann man es als ihren poetischsten und persönlichsten ansehen.

Von Anfang muss das Zusammentreffen der beiden als ein literarisches gewertet werden. Von Anfang an entlud sich die freigesetzte Energie in gemeinsam verfassten Texten. Von Anfang an war Yann auch Teil des Geschichtenuniversums der Duras. Schon die ersten Seiten von »Yann Andréa Steiner« – übrigens eine Namensverschmelzung von Yann Andréa und Duras' Frauenfigur Aurélie Steiner – dokumentieren die gänzliche Literarisierung der echten *relation d'amour*: »Auf dem Balkon meines Zimmers wartete ich auf Sie. Sie durchquerten den Hof des Roches Noires. Ich hatte den Mann von India Song vergessen.«[193] Vergessen bedeutet hier wohl gegenteilig eher Mitdenken. Yann ersetzt in diesem Augenblick nicht die Fiktion, er tritt vielmehr in sie ein und wird sie fortan mitgestalten. Sie werden über Bücher reden und gemeinsam neue verfassen. Sie wird diktieren, er tippen. Dann werden sie wieder darüber sprechen, weil die Konversation erst den Fortgang der Erzählung evoziert. Aus diesem Grund dürfte der Akzent der Verarbeitung jener letzten sechzehn Jahre der Duras auch auf der Stimme liegen. Statt der Physiognomie und Ausstrahlung Andréas widmete sie sich in ihrer Würdigung seiner Stimme:

»Da war Ihre Stimme. Die Stimme von unglaublicher Sanftheit, distanziert, einschüchternd, wie kaum vorhanden, kaum vernehmbar, gleichsam stets ein wenig zerstreut, fremd, getrennt von dem, was sie sagte. Noch jetzt, zwölf Jahre später, höre ich die Stimme, die Sie hatten. Sie ist mir in Fleisch und Blut übergegangen.«[194]

Als würde das Sprachorgan einen Körper in sämtlichen Facetten und Schattierungen, all seinen feinen Ebenen und markanten Stellen beschreiben, supplementiert sie, was in der Liebe zwischen diesen ungleichen Gefährten fehlt, nämlich eben die sexuelle Verschmelzung. Aufgrund von Andréas Homosexualität und sicherlich des hohen Alters seiner von ihm vergötterten Partnerin konnte diese Beziehung seit der ersten Begegnung und mit Ausnahme weniger geschilderter Vereinigungen[195] primär nur eine literarische sein. Und selbst da, wo sich eine erotische Anziehung andeutet, drängt sie zugleich wieder in die Sphäre des Schreibens, etwa, wenn sich beide über den von Duras damals unvollendeten Roman zu Théodora unterhalten: »Und wieder kam das Begehren, ohne ein Wort, ohne einen Kuß. Und nach der Liebe sprachen sie über Theodora Kats. Über diese Wörter: Theodora Kats. Selbst der Name, sagten Sie, ist überwältigend.«

Der Roman »Yann Andréa Steiner« gibt Kunde von der gemeinsamen Erfüllung in der performativ entstehenden und keineswegs vom Leben abgekapselten Produktion des literarischen Textes. Die Protagonisten lachen und weinen in den Gesprächen über nicht vollendete Werke.[196] Auch Wut zählt zu den Emotionen der beiden sich magnetisch

Anziehenden, die dann binnen Sekunden in tiefe Zuneigung umschlagen kann. »Ich sehe uns beide verloren in der gleichen Wesensart. Manchmal verspüre ich Zärtlichkeit für die Art von Menschen, wie wir es sind.«[197] Es ist eine Beziehung voller Begeisterung, Leidenschaft und Kapriolen, aufgehend in einer absoluten Gegenwart: »Was werden soll, das ist das einzige Thema, das wir nie anschneiden.«[198]

Außerhalb der Zeitrechnung des gemeinsamen Schreibens gab es nichts. Sie umfasste ein Kontinuum zweier Geister, das weder Alter noch Geschlecht kannte; sie erstreckte sich auf andere, nicht greifbare Ebenen, ohne einen klar benennbaren Anfang oder ein definiertes Ende. Yann erweist sich darin mehr und mehr als Motivator und Muse. »Es ist immer dasselbe mit Ihnen«, ordnete Duras ein, »Sie wollen vor allem, daß man Ihnen erzählt. Egal was, aber daß man Ihnen erzählt.«[199] Und dies passierte dann auch. Als ließe sich zwischen der Realität der Liebenden und der Fiktion kein Unterschied mehr ausfindig machen, flicht die Autorin in »Yann Andréa Steiner« nun auch die Geschichte über die Verbundenheit zwischen einem Kind und einer Ferienbetreuerin ein. Wechselnd zwischen den Erzählebenen von ihr und Andréa und der des sechsjährigen Protagonisten, schuf Duras stets gleitende Übergänge. Die Konsequenz: Alles wird Teil ihres Geschichtenuniversums. Hierin wird eben auch Yann zu einer literarischen, eben nicht mehr klar konturierten Figur. Wie das Kind läuft er am Strand entlang und wird dabei geradezu unwirklich:

»Manchmal sehe ich Sie, ohne Sie zu kennen, ohne Sie im mindesten zu kennen, ich sehe Sie fern von diesem Strand hier, anderswo, weit weg, manchmal im Ausland. Die Erinnerung an Sie ist schon da, in Ihrer Gegenwart, aber ich erkenne schon nicht mehr Ihre Hände. Es ist, als hätte ich Ihre Hände noch nie gesehen.«[200]

Je mehr Yann ihr literarisch entrückte, desto mehr erwies er sich als Projektionsfläche, als Figur des Begehrens, die eben jenseits der geschriebenen Sätze und in der heterosexuellen Matrix kaum Potenzial für körperliches Begehren zuließ. Ebenso änderten sich die Orte, kippten echte Szenerien in die Fiktion. Inmitten der Binnenerzählung über das Kind aus der Ferienkolonie wird man etwa eines eingeschobenen Gesprächs gewahr, das veranschaulicht, wie die Autorin und ihre Muse längst in den literarisch erfundenen Raum eingedrungen sind:

»Sie fragen mich:
›Wo sind wir?‹
Ich sage:
›In S. Thala.‹
›Und hinter S. Thala?‹
Ich sage, hinter S. Thala sei immer noch S. Thala. Dort ist es. Dort in der Tat befindet sich die Stadt aller Liebe.«[201]

Bei »S. Thala« handelt es sich um jenen Ort, der eng an das Schicksal von Lol V. Stein geknüpft ist, ein Raum der Sehnsucht und der Verzweiflung. Vor allem eine aus der Fantasie hervorgegangene Topografie mit utopischer Konnotation. Hier realisiert sich die in der Wirklichkeit nicht-körperliche Liebe. Nicht umsonst dürfte in der Rede von der »Stadt aller Liebe« »alle« vorkommen. Der Superlativ meint tatsächlich sämtliche amouröse Konstellationen und schließt damit ebenso jene ein, die außerhalb der heterosexuellen Matrix denkbar erscheinen.

Bekräftigt wird diese Potenzialität überdies durch die Binnenerzählung. Schildert sie die tabuöse Liebe zwischen einer Erwachsenen und einem Kind, so schimmert am Ende dieser innigen Begegnung die Perspektive einer möglichen und dann erlaubten Zweisamkeit in der Zukunft auf. Mit sechzehn solle der Junge, so die Bertreuerin, wieder an den Strand zurückkehren. »Wir werden uns lieben, du und ich«,[202] bestärkt sie ihn. Später wiederum schildert sie ihrem Schutzbefohlenen ihre Eindrücke zu einer markanten Lektüre: »Es gehe darin um eine Liebe, die den Tod erwarte, ohne ihn hervorzurufen, um eine Liebe, die unendlich viel leidenschaftlicher sei, als wenn sie durch das Verlangen entstanden wäre.«[203] Natürlich fühlen sich die Leser:innen an dieser Stelle an die Geschichte von Duras und Andréa erinnert. Denn sie bewohnen dieses Anderswo und Irgendwann, sie versuchen diese unsagbare *relation d'amour*, der immer der nahende Tod voraus ist. Die Story über das Kind und seine Betreuerin erfüllte daher gleich zwei wichtige Funktionen für das Autorenpaar. Zunächst diente sie ihnen zum Eintauchen in die Fiktion, verbunden mit der Flucht aus dem Realen. Auf einer Metaebene konnten die beiden darin ihr Zusammenleben reflektieren. Sie führte also von der echten Existenz weg, um sie paradoxerweise anschließend besser zu erfassen.

Der Schluss bleibt in »Yann Andréa Steiner« offen und lässt die Annahme zu, dass der Fortgang der Erzählung außerliterarisch erfolgen wird. Duras und Andréa zeigen sich nun als Mitleidende mit ihren beiden Protagonisten. Sie fühlen sich in deren Schicksal ein.

»Sie sagen: Das Kind geht weiter. Ich sage, das Kind werde nicht sterben. Ich schwöre es. Ich weine, ich schreibe, ich schwöre es bei meinem Leben. Sie sagen, es werde gleich verschwinden […]. Ich schreie, daß ich Sie liebe. Sie schreien immer noch vor Angst und Hoffnung.«[204]

Wer glaubt, es ginge bei diesem Dialog vornehmlich um das Fatum der beiden Figuren, der irrt. Vielmehr erweisen sie sich als Projektionsfläche für Duras' und Andréas Ringen um eine Mitte und ein Morgen. Als offenem Prozess wohnte dieser Liebe etwas Arkanes inne. Auch deswegen pointiert die Autorin am Ende ihres Romans das Geheimnis, Ausdruck findend in der ungewissen Genese der bereits erwähnten Figur Théodora. Sie »war vielleicht kein Buch [...]. Théodora Kats, das war vielleicht noch etwas Unbekanntes, ein neues Schweigen der Schrift, das Schweigen der Frauen und der Juden.«[205]

Unerwarteterweise weitet die Autorin an dieser letzten Stelle ihres Textes noch den Horizont – um das Schicksal der Frauen sowie den Holocaust, also jenem grauenhaften Ereignis, das, wie Duras einmal in einem Interview bekennt, für sie von derartiger Wichtigkeit sei, dass es wohl den letzten Gedanken ihres Lebens darstellen sollte. Aus literaturkritischer Sicht, die stets Ästhetik und Kohärenz eines Werks betrachtet, mag diese sehr kurz geratene Allusion am Ende wenig Begeisterung hervorrufen. Aber die Wendung lässt sich trotzdem noch in das Gesamtanliegen von »Yann Andréa Steiner« einfügen. So ging es doch den sich liebenden Schriftstellern permanent um Evokation, um ein Schaffen und Konstituieren von Nicht-Vorhandenem in der Sprache. Offenbar können auf diese Weise selbst Tote, also die Opfer der Shoa, noch einmal zumindest innertextlich wiederauferstehen.

Ebenso das literarische Pendant zur Liebeserklärung des Nouveau-Roman-Autoren: Yann Andréas »Diese Liebe« widmet sich ausgiebig diesen poetisch-schöpferischen Momenten in ihrer Beziehung. Um sie für beide als literarische Projektionsfläche zu nutzen, bestand von Anfang an eine wesentliche Distanzformel, herrührend vom Gestus einer Verehrung: »Ich konnte sie nie duzen. Manchmal hätte sie es sich gewünscht«,[206] betont Andréa noch auf der ersten Seite seiner Hommage. Was ermöglicht dieser beinah schon geschäftlich anmutende Gebrauch der dritten Person genau? Duras sagte es auf diese Weise:

»Es ist das Schönste, was ich geschrieben habe. Es ist mein schönster Film. Sie sind wunderbar. Sie müssen so bleiben, wie Sie sind, dieser verlorene Blick, dieser Blick, der nicht weiß, nichts, ich aber, ich weiß etwas, und ich nenne Sie Atlantik Mann, das sind Sie von nun an.«[207]

Abgehoben wird bei dieser Überblendung Andréas, um im kinematografischen Sprachgebrauch zu bleiben, auf das gleichnamige Buch (»Atlantik Mann«, 1982), das ebenfalls die *liaison d'amour* zwischen den zutiefst ungleichen Partnern zum Gegenstand hat. Das Reale ging in ein andauerndes Spiel über. Die Figuren aus dem Universum der Romane waren wie Spiegelbilder der beiden Autoren. Unversehens assoziierte sich Duras etwa in der Beschreibung Andréas mit ihrer autobiografischen Jugendfigur, der »Nutte«[208] aus »Der Liebhaber«, als sich beide in einer Bar in Trouville verabredeten.

Wenn Yann klarstellt: »Ich sehe nicht mehr den Unterschied zwischen den Büchern, die entstehen, und dieser Geschichte, dieser Geschichte zwischen ihr und mir«,[209] so öffneten er und sein Gegenüber immer weiter die Tür zum fiktionalen Raum. Bisweilen klingt dieses Eintreten wie ein beinah schon gewaltsames Manöver, kündet von der Ohnmacht gegenüber einer Liebe, der man sich nicht mehr zu entziehen vermag: »Ich werde von einem Tag auf den andern in diese Geschichte hineingezogen. Sie verstrickt mich in ihre Geschichte, ihre Geschichten.«[210]

Ob gewollt oder ungewollt, in diesem Kosmos jenseits des Wirklichen schien Platz für jeden Superlativ. Vermeintlich unumstößliche Bekenntnisse wie »Wir gefallen uns absolut. Wir gefallen uns für immer, für immer und ewig«[211] standen radikalen Ablehnungen und härtesten Kapriolen gegenüber. Stimmungen konnten von der einen auf die andere Minute kippen. Auf das eheartige Treueversprechen konnte sogleich der nächtliche Rauswurf (mit anschließender Wiederkehr am Tag darauf) erfolgen. Es war eine Beziehung der Extreme, eine, die auf das Engste das Kreatürliche und Produktive mit dem Selbstzerstörerischen verband: »Was für eine Liebe. Wir halten es zusammen nicht aus, das ist unmöglich, und doch können wir nicht anders als uns noch mehr gefallen.«[212] Später machte Andréa dagegen erneut auf die »heroische und vergebliche Herausforderung« aufmerksam, die den Versuch einer »Art totale[r] Liebe«[213] darstellte. Sie schloss das Unbotmäßige ein, sodass auch der Zweifel aufseiten des Liebenden nicht ausblieb: »Ich sehe, daß für Sie nichts anderes zählt als Schreiben. Daß ich mich auf der ganzen Linie getäuscht habe, daß die Liebe nie existiert hat, daß es nur auf das zu schreibende Buch ankommt, daß ich nichts für Sie bin.«[214]

Zwischen Vergötterung der und Aufopferung für Duras auf der einen sowie Selbstdestruktion und Einsamkeit auf der anderen Seite nahm Andréa stets die unterwürfige Rolle an. Sei es die Zubereitung des Essens oder das Abtippen des Gesagten – alles folgte aus seiner Sicht ihrem »Diktat«.[215] Selbstverständlich gab sie ihm auch vor, wie er sie in der ersten Liebesnacht anzufassen hatte. Die vielen Verletzungen und Verstoßungen, die zahlreichen Vorwürfe und Tiraden der Duras, sie brannten sich dabei der Seele des jungen Autors ein, trieben ihn aber nie zur unwiderruflichen Trennung. Er war überzeugt davon, dass die Liebe zwischen ihnen intensiver, bedeutender war als jede noch so brutale Launenhaftigkeit. Ganz am Ende 1996, wenige Tage vor ihrem Tod, sprang Duras über ihren Schatten. Jeder Anspruch auf ein allgültiges Ego fiel von ihr ab, sodass sie sich zu einem Bekenntnis durchrang: »Ich bitte Sie um Verzeihung für alles.«[216]

In diesem Respekt vor dem Du kulminierte die lebenslange Suche der Autorin nach Gott. In dem Film »Diese

Liebe«, der fast alle einander zugeeigneten Bücher der beiden aufnimmt, äußert die von Jeanne Moreau verkörperte Duras: »Alle meine Bücher sprechen von Gott. Aber das fällt keinem auf.« Nur warum? Sicher weil sie nicht dezidiert von ihm spricht. Nichtsdestotrotz ringt sie um ihn. Immer dann, wenn sie über seine Absenz spricht, über all die Armen und Kranken, mithin das Elend am Ganges und am Rande des Dschungels, das Elend der Welt. Sie suchte ihn im Du, in den Mitmenschen, die bisweilen so von den Schrecken des Daseins gekennzeichnet waren, dass sie nur noch Kälte ausstrahlten. Yann stellte die Ausnahme, den unverhofften Heilsboten dar. Mit ihm tat sich die Möglichkeit einer Erlösung, einer allumfassenden Gnade auf. Die Bewegung von der Dunkelheit und Enge ins Licht und Weite mündete in der Erkenntnis: »Wir haben uns vom schwarzen Zimmer [im Hotel Les Roches Noires] des Schreibens aus der Liebe zur Welt hingegeben.«[217] Die Konsequenzen dieser Öffnung hob Andréa an anderer Stelle hervor:

»Im Grunde sind Sie nicht krank, nein. Sie sterben vor Erschöpfung, Sie sind daran gestorben, daß Sie die Welt zu genau betrachtet haben […]. Daran, daß sie [sic!] zu viel Rotwein getrunken haben, Whiskey, Rotwein, Weißwein, Alkohol aller Art, daß Sie zu viel geraucht haben, zu viele Päckchen Gitanes ohne Filter, daß Sie zu viel geliebt haben, Liebhaber, alle Arten von Liebhabern, zu oft die ganze, tödliche Liebe versucht haben, daß Sie zu zornig waren über die Ungerechtigkeit der Welt, die unerträgliche Armut, die Leprakranken von Kalkutta und den immer größeren Reichtum der Reichen.«[218]

Der Liebende benennt in diesem Ausschnitt zwar die physiologischen Gründe für Marguerites Tod, gleichwohl ordnet er dieses Ereignis in einen größeren gesellschaftlichen und wiederum auch literarischen Kontext ein. Sie – Indikativ und Präsens als Zeichen des Prozesses! – sterbe vor Erschöpfung als Folge einer zu klaren Sicht auf die Welt. Neben dem großen Sujet der Liebe beschäftigte sich Duras stets mit der Armut. Sämtliche amourösen Experimente setzten offenbar eine Hingabe voraus, die zerstörerische Effekte zeitigte. Man kann, so die Aussage, an einem Zu-viel-an-Liebe für die Welt und die Menschen zugrunde gehen.

Vielleicht verlor sie darüber den letzten Faden zum traurigen Dasein, zu den scheinbar unveränderlichen Bedingungen der menschlichen Existenz. Das unermüdliche Schreiben der Duras gibt dies nicht zu erkennen. Eine Antwort über den Grad ihrer Verzweiflung gibt es indessen nur partiell. Gewiss ist hingegen ihre unerschütterliche Verbindung zu Yann. Er, aufgehoben in einer von Anfang an gänzlich mythisierten Verbindung,[219] bildete ihren Anker, die letzte Festung im reißenden Wellengang des 20. Jahrhunderts. Wohl auch deswegen schenkte sie ihm in ihren letzten Stunden etwas, das sie nur wenigen zubilligte, nämlich das Du, wenn man es so lesen will. Und zwar genau in jenem Moment, in dem sie – zumindest in der literarischen Verarbeitung – in die andere Sphäre hinüberzugehen begann: »Kommen Sie, ich nehme sie mit«, sagte er ihr, im Willen, sie selbst über jene Schwelle zu begleiten, über die noch kein Lebender treten konnte. Ihre Replik: »Sagen Sie es anders.« Yann kam diesem Imperativ nach und fand jene Formulierung: »Komm. Ich nehme dich mit.«[220] Der in diesen Worten mitschwingenden absoluten Nähe wurde seitens der Autorin nicht widersprochen. Vielmehr deutete sich am Ende von »Diese Liebe« die Übereinkunft über eine gemeinsame Jenseitsreise an. Es ist »dort, wo ich dich hinführe, dort, wo man geht, ohne Richtung, nach der man fragen kann, dort, wo niemand sich verirren kann. Hier in diesem erfundenen Himmel wären wir. Nirgendwo.«[221]

Hier schreibt einer, der Mut machen wollte, der die Selbstaufgabe wählte, um sein Gegenüber zu beschützen und zu bewahren. Es schreibt zudem einer, der eines von seiner Mentorin gelernt hat: Der Text ist Möglichkeit. Im konkreten Fall, um einen Himmel zu schaffen, der »nirgendwo« in der Wirklichkeit zu lokalisieren ist. In diesem Kosmos sind alle gängigen Grenzziehungen obsolet geworden. Dies- und Jenseits scheinen verwoben, im Medium des Schreibens lässt sich ein Dialog zwischen Leben und Tod führen. Diese geradezu orphische Aufwertung der Entfaltung der Schrift birgt – pathetisch zugespitzt – das Versprechen einer ewigen Liebe. Sie ist gebunden im Wort, das aller Vergänglichkeit trotzt.

Die Liebe zum Schreiben

Nur wenige Schriftsteller schufen in ihrem Leben derart viele Bücher, Theaterstücke und Filmskripte wie Duras, die ihre Liebe zum Schreiben antrieb. Durchschnittlich legte sie in ihren produktivsten Phasen ein Buch pro Jahr vor. Sie arbeitete unentwegt. Kaum ein Tag verging, an dem sie sich nicht bis zu zehn Stunden ihren Texten widmete.

»Sie lebt, als ginge es jeden Augenblick ums Überleben. Ein Notfall. Als gäbe es kein Morgen, kein Danach. Als müßte man eine ständige Gegenwart leben, eine Gegenwart, die ohne Vergangenheit und ohne Zukunft ist, eine Gegenwart schlechthin, die alles mitreißt, die alles erfüllt.«[222]

Diese von Andréa beschriebene Gegenwärtigkeit fußt auf Verschleiß, auf bedingungslosem Selbstverbrauch. Die Arbeit reißt alles mit, aber indem sie wiederum Erfüllung zulässt, wirkt sie lange stabilisierend auf die heillose Alkoholikerin. Obwohl sie im Alter oft der Selbstaufgabe nahe zu sein schien, liest man: »Nein. Sie lebt. Sie schreibt. Sie liebt«,[223] und zwar alles gleichzeitig und gleichwertig, mithin voneinander abhängig, wie diese elliptische Dreierfigur unterstreicht. Schreiben war für Duras selbst nicht zuvorderst Kunst, sondern ein (Über-)Lebensmodell, ein Zustand. »Es gibt keine Namen mehr, es gibt keinen Autorennamen mehr, es gibt nur das Schreiben, das geschieht. Und das ist etwas Erregendes.«[224] Vor der Schreibmaschine werden somit Energien freigesetzt, Energien, die der Intensität amouröser Fantasien wohl sehr nahekommen.

Dass Schreiben aber nicht allein einem momenthaften Empfinden Rechnung trägt oder einer bloßen Triebbefriedigung diente, beschreibt Yann Andréa mehrfach. Mitunter hebt er dessen konservierende Funktion hervor. Der Augenblick eines Lächelns, er währt ewig in der Schrift.[225] Was im Kleinen gilt, trifft ebenso auf das Große und Ganze zu. »Duras«, konstatiert Andréa in fast schon weihevollem Ton:

»dieser Name ist so etwas wie ein Gattungsname geworden [...]. Er findet sich überall auf der Welt, es genügt, danach zu fragen [...]. Man kann ihn nicht vergessen. Nein. Das ist unmöglich. Auch meinen Namen, Yann, kann man nicht vergessen. Auf keinen Fall. Er steht für immer in ihren Büchern.«[226]

Beide setzten ihrer Beziehung ein Denkmal und in dieser Monumentalität auch jeweils eines für sich selbst. Doch die Außenwirkung dürfte von sekundärer Bedeutung gewesen sein. Besonders diente das Schreiben einer Auseinandersetzung mit einer unveränderbaren Vergangenheit. Nichts revidiert die Zeit, zumindest nichts, was den physikalischen Gesetzmäßigkeiten des Daseins unterliegt. Das Literarisieren hingegen ist dieser Fatalität enthoben. So stellt Andréa klar:

»Sie sind nie verlassen worden, weder von Ihrer Mutter, noch von mir, noch von Gott. Denn alle Tage Ihres Lebens haben Sie das Wort gesucht [...]. Wörter, Wahrheit, die gefunden werden muß, Wahrheit, die geschrieben werden muß [...]. Sie suchen das Wort, und Sie finden es, und Sie sagen es. Und so leben Sie.«[227]

Wahrheit erscheint in dieser kurzen, wiederum von suchenden, selbstzirkulären Sätzen getragenen Passage als etwas einzig in der Schrift Aufzufindendes. Was den Weg auf das weiße Blatt findet, kann niemals auf einer Lüge beruhen. Hierin offenbart sich wiederum der bereits angesprochene religiöse Charakter des schriftstellerischen Wirkens. Die Nähe zu heiligen Texten manifestiert sich auch auf stilistischer Ebene, allen voran in der Lakonie sowie dem durchweg ungebrochenen Pathos, wie man ihm etwa in der Bibel gewahr wird.

Um den Kern, das Wesen der Dinge literarisch herauszustellen, setzten die beiden Autoren auf die Reduktion. Die Schrift fungierte als Mittel der Destillation, in ihr blieb bloße Essenz zurück.

Vergleichen lässt sich die Sprache zudem mit einem Berg, zu dessen wertvollsten Gesteinsschichten man erst durch Entfernung des überflüssigen Materials gelangt. Lebelley beschreibt diesen Prozess so: »Die Tage vergehen damit, den Text aus seiner Verpackung zu lösen, das Gold vom Erz zu trennen. Eine Arbeit, bei der die Anstrengung alles ist und nichts verwirklicht. Die Wörter werden gereinigt, bekommen Schliff durch ihre Verknüpfungen, endlich strahlen sie und werden freigegeben. Das Buch wird in der Glut einer Allmacht geschaffen. Beendet, doch nie vollendet, hoffnungslos von dem entfernt, was nur flüchtig erahnt worden ist.«[228]

Das daraus hervorgehende Werk enthält daher eine starke Energie, gebannt und bewahrt im Material des Papiers. Schreiben ist dabei weitaus mehr als das Festhalten. Schreiben bedeutet: Lieben, das Aushalten der in einem selbst wirkenden Pole, das Träumen vom Ideal und dem Scheitern daran.

Indem die Sprache all dies transportiert, birgt sie die Macht, sämtliche Barrieren zu überwinden. In ihrem Gebrauch äußert sich zwischen Duras und Andréa das, was die Philosophin Angelika Krebs als das »dialogische Modell der Liebe« bezeichnet. Dabei wird sie »nicht in den Gefühlen der Liebenden verortet, sondern zwischen Ich und Du, das heißt in der Beziehung, im Teilen von Gefühlen und Handlungen. Eine Person liebt eine andere, wenn sie faktisch Gefühle und Handlungen mit ihr in ihrer ganzen Besonderheit selbstzweckhaft teilt. Liebe ist aber auch eine auf dieser Grundlage zugeschriebene emotionale und praktische Haltung: emotional als Gefühl der Sehnsucht nach dem Teilen und praktisch als Bereitschaft dazu.«[229]

In einem existenzialistischen Sinne stellt der gemeinsame und somit sich selbst gegebene Entwurf im Werk jene magisch aufgeladene Interimsphäre dar, in der sich das Dialogische offenbart. Nicht allein auf den jeweiligen Eigenschaften des anderen beruhend, sondern gleichsam aus dem literarischen Schaffen heraus nimmt die Liebe zwischen den beiden Gestalt an. Andréa verzehrte sich nach ihren Büchern und ihrer Weise Geschichten zu erzählen. Sein Verhalten passte damit zur Liebe als einer »Erzählung«.[230] Er wollte Teil ihres Entstehungsprozesses sein. Was aus dieser innigen Dyade im Denken und Schreiben hervorging, war ein ganz neuer und exklusiver Bewusstseins- und Sprachraum.

Letzthin zählte dazu jener zwischen Dies- und Jenseits. Andréa erkannte diese enorme Hypostasierung der Ausdrucksmöglichkeit, auch für sich selbst und eben sein Schreiben. Er spricht von dieser »Liebe. Sie und ich. Together. Nunmehr ohne Ihren Körper, da Sie tot sind, da Sie auf dem Friedhof Montparnasse sind«.[231] Indem er sie direkt ansprach, verdeutlichte er ihre Präsenz über die physische Existenz hinaus. Seine Marguerite war da, selbst wenn ihre Abwesenheit ihn in die Depression stürzte oder gar in die Nähe des Suizids trieb.

Doch schon vor diesem Abschied war Schreiben ein Lebenselixier. Duras hatte keine Wahl. Sie musste schreiben, weil sie sich nur so aufrechthalten konnte – getreu dem Motto: Wer sich den weißen Seiten ergibt, verschwindet. Besonders markant tritt diese vitalisierende, literarische Produktion in Yann Andréas weiterem und heute ziemlich in Vergessenheit geratenem Buch »M. D.« hervor, einem Text, der die Alkoholsucht und Duras' Aufenthalte in der Entzugsklinik zum Gegenstand hat. Geschildert wird ausführlich die Agonie der Krankheit. Die weltberühmte Schriftstellerin vermag bei ihrer letzten Kur in der Klinik kaum noch zu laufen, kaum noch klar zu denken. Zu lange erlag sie mit dem Whiskey und Rotwein einem Irrtum. Ganze Sommer habe sie mit »ihm« verbracht, als wäre der Alkohol ein Liebhaber gewesen. Er bringe »die Einsamkeit zum Schwingen und führt dazu, daß man sie schließlich allem vorzieht«.[232] Obgleich sie sich über dessen Verwandtschaft mit dem Tod bewusst war, galt er ihr lange als Liebessurrogat. Immer in der Anwesenheit von Männern getrunken, konditionierte er Duras,[233] bis hin zur absoluten Sexualisierung des Hochprozentigen: »Alkohol ersetzt den Akt der Lust«,[234] mithin »ersetzt [er] das Fehlen Gottes«.[235] Höher hinaus und existenzieller ging es nicht. Je mehr der Genuss zur Sucht wurde, desto mehr drängte sich für die Schriftstellerin das Dilemma auf: »entweder bis zur Bewußlosigkeit, bis zum Identitätsverlust trinken oder es bei den Anfängen des Glücks bewenden lassen. Gewissermaßen täglich sterben, oder weiterleben.«[236] Einen anderen Weg sah sie lange nicht. Im Gegenteil: Ein wenig selbstironisch, aber vermutlich nicht gänzlich frei von Wahrheit erläuterte sie in Interviews, mit wie vielen Litern Wein intus sie welchen Weltbestseller geschrieben habe. Sieht man von der Karikatur in dieser Darstellung ab, vermittelt sich einem die Drastik einer außer Kontrolle geratenen Krankheit, die mit der Schilderung in »M. D.« ihren traurigen Höhepunkt erreicht.

Also noch einmal: Duras konnte sich kaum noch auf den Beinen halten. Und selbst noch in diesem Zustand drängte es sie dazu, mit einem möglichen Produzenten über ihr Bühnenstück »Savannah Bay« zu diskutieren. Erst im Wagen zum Hôpital Américain wurde sie still. »Kein Wort«[237] fiel mehr. An anderer Stelle, längst in der beschwerlichen Entzugs- und Therapiephase, heißt es: »Sie sind stumm, wie aufgegeben.«[238] Abgesehen von den Arztgesprächen und dem Austausch mit Yann hüllte sich Duras in Schweigen. Beide schauten weinend aus den geschlossenen Fenstern. Um zu vergessen, ja den Kick des Glücks inmitten der Malaise zu verspüren, besorgte ihr der Gefährte selbst an diesem Ort Wein. Wird sie derweil die Schreibabstinenz einhalten? Natürlich nicht. Häufig finden sich dokumentarische und biografische Passagen wie diese:

»Sie wachen auf, schreiben vier Zeilen auf ein Blatt Papier. Sie sind nicht zu entziffern, die Orthographie ist unsicher, die Schrift verändert. Nichts erkenne ich wieder, sogar die Unterschrift nicht. Sie sagen: es handelt sich um einen Brief, vergessen Sie nicht, ihn aufzugeben, es ist wichtig.«[239]

Selbst an diesem tristesten aller Orte begann Duras zu assoziieren. Der graue Himmel erinnerte sie an das Auflösen der Farben in »Das Nachtschiff« (1979).[240] Dass sie des Literalen bedurfte, zeigt sich ebenso an einem Faden innerhalb der tagebuchartigen Erzählung: Yann liest ihr aus Jack Londons Roman »Martin Eden« (1909) vor. Wie auch in »Diese Liebe« bildet die Literatur eine Intradiegese, die Yann und Marguerite als gemeinsamer und geheimer, intimer Raum inmitten der ansonsten transparenten Klinikprozesse dient.

Kennzeichnend für ihn ist das gemeinsame Fantasieren. Nachdem Marguerite dem eingeübten Ritual gemäß ans Fenster getreten ist, beginnt sie zu projizieren. Mitunter holt sie ihre eigenen Geschichten in das sterile Hier und Jetzt des Krankenhauses. Unvermittelt und ohne Einführung äußert sie etwa hinter dem Glas mit Blick auf die Straße:

»Was für ein Schauspiel, schauen Sie sich das an, alle haben sich verkleidet, sie tragen alle einen Smoking.
Ich [Yann] betrachte den Ball.
Sie sagen: Es handelt sich um die erste Fassung von *India Song*. Sie halten im Kuß inne, der Raum wird von innen beleuchtet, in der umgekehrten Richtung.«[241]

Auch die wenig einladenden Flure schmückt die Autorin buchstäblich mit ihren Träumen und Erinnerungen, mit ihren inneren Bildern aus, wenn sie beispielsweise im Leuchten einer Neonlampe das Licht über dem Pazifischen Ozean sah.[242]

Andréa fungiert in diesem Setting nicht nur einfach als Erzähler und emotionaler Bezugspunkt. Er beschreibt sich als ihr ganz »ausgesetzt«,[243] man könnte auch sagen: ergeben. Seine Rolle besteht überdies darin, den Unterschied zwischen Dichtung und Wahrheit aufzuzeigen. Er objektiviert, was die Geschichtenproduzentin als vermeintliche Wirklichkeit postuliert. So etwa in einer anderen Fensterbeobachtung: »Schauen Sie sich«, fordert Duras ihn auf, »die schwarze abessinische Kuh an der Hausecke an. Auf dem Dach ist eine blaubekleidete Frau, sie lauert Tag und Nacht, immer. Schauen Sie sich das Empire-Bett am Fuß der Bäume an, eine amerikanische Fälschung«.[244] Trotz der Betonung der Authentizität des Gesehenen, die in dem Urteil über die Kopie zum Ausdruck kommt, repliziert Yann: »Ich sehe nichts.«[245] »Sie sagen: Sie können solche Dinge nicht sehen.

Aber versuchen Sie es trotzdem.«[246] Erst nach dieser eindrücklichen Einbeziehung macht der Liebhaber das Spiel mit. Er wertet die Phantasmagorie als »schön«[247] und beginnt, die Fiktion mit Marguerite weiter auszumalen. Wie auch in ihren Prosatexten lässt die Autorin im Krankenhaus keine Schilderungen rätselhafter Ereignisse aus. Am meisten dürfte die von Josée Dayan in ihrem Film »Diese Liebe« (2001) aufgenommene Szene für Irritation sorgen, in der Duras zunächst (unsichtbare!) Katzen auf ihrem Patientenbett ausfindig zu machen glaubt, die sie sodann gar als antike Fabelwesen, »Lamies«, identifizieren will.[248]

Geschichten zu erzählen und aufzuschreiben, erwies sich als der feste Kitt. Im durch Entfremdung und unpersönliche Gebrauchsarchitektur charakterisierten Hospital bildete die Dyade zwischen Yann und Marguerite eine Insel der Liebe. Während die beiden in den Vorstellungen untrennbar waren, setzte der Alltag in der Klinik mitunter heftige Fliehkräfte in der Patientin frei. Sie sparte nicht an Tiraden und Allüren. Sie ließ den Verwaltungschef antanzen, um sich über die mangelnde Qualität der Artischocken im Essen zu beschweren. Yanns Lebensweise wurde harsch kompromittiert. Er mutete ihr »derart feige [an], man sollte Sie umbringen.«[249] Abseits dieses extremen Verhaltens schildert der Erzähler immer wieder eindringlich die Schübe der Verschlechterung. Die Leberschäden und die hohe Konzentration von Giftstoffen im Blut sorgten für einen Dämmerzustand, in dem Wirklichkeit und Einbildung verschwammen.

Das Unglaubliche, das Unfassbare daran: Selbst aus Wahnepisoden, Fieberträumen und Bildern einer geistigen Entrückung, induziert durch die Entwöhnung von Alkohol, Schlafmitteln und Antidepressiva, entstanden Prosafragmente, die Andréa aufsammelte und die in ihrer Gesamtzusammenstellung den reichen Quell schriftstellerischer Fantasie dokumentieren. Duras faselte über die Kinderliebe der

Juden, nachdem sie ein kurzes Loblied auf das irische Blau anstimmte. Die Küche im Krankenhaus in Neuilly schrieb sie ohne ersichtlichen Grund den Engländern zu. Auch mochte eine blaue Dame, die »Kapitänsfrau«,[250] einfach nicht vom gegenüberliegenden Dach verschwinden. Mit dramaturgischem Bewusstsein spitzte sie zudem subjektive Wahrnehmungen während des ansonsten ereignislosen Klinikaufenthaltes zu. Die Grande Dame der Hyperbel wartete mit der ganz großen Show auf, indem sie über ihre von den Medizinern angeblich ignorierten inneren Blutungen klagte. In die teils surrealen Einbildungen mischten sich zudem Momente aus der eigenen Vergangenheit. So glaubte sie beispielsweise, vor dem Krankenhaus die Alleen ihrer Jugend in Indochina wiederzuerkennen. Ferner sprach sie von einem Chinesen, der sie überwache und verzweifelt mit ihr essen wolle. Duras' Aussage zufolge würde ihn die Krankenschwester daran hindern, weil sie sich nach dem Speisen unter dem Tisch wälzen würde. Was so absurd klingt, ergeht sich sodann in eine Spannungsdramatik kriminalistischen Ausmaßes, da der Asiate seitdem vorhabe, die Pflegerin zu ermorden.

Neben einer gewissen Komik, die den Bericht gattungstypologisch stellenweise auch in die Nähe der Groteske rückt, haftet Andréas Prosatext auch etwas Rätselhaftes an. Der innere Zusammenhang der losen Einfälle und Notizen der Patientin erschließt sich nämlich erst auf den zweiten oder dritten Blick. Und eigentlich vornehmlich jenen Leser:innen, die sich mit dem Œuvre der Schriftstellerin auskennen. Hier und da schimmern ihre Figuren auf, all diese verloren Umherirrenden. Auffällig sind überdies Symbolkonstanten, die Andréa wie Fäden aus Duras' Schaffenskosmos aufgreift und in seine Darstellung verwebt. Gerade die Häufung der Farbe Blau fällt ins Auge. Zum einen erinnert sie an das Meer, dieses bewährte Motiv im Schreiben und Leben der Autorin, das die gewaltige Kraft besitzt, die Existenzgrundlage ihrer Mutter immer wieder zu zerstören, als auch unentwegt die Sehnsucht der Autorin zu befördern. Zum anderen steht die Farbe seit jeher für die Melancholie, passend zu den Ängsten und dem Überdruss der Patientin im Krankenhaus.

Die subtile Konstruktionsweise von »M. D.« wird außerdem in einer autopoetologischen Dimension sichtbar. Als die Autorin des Nachts in Anwesenheit ihres Gefährten panisch eine Blutarmut halluziniert, notiert er ihre Fragen: »Ist die Blutarmut auf den Alkohol zurückzuführen? Wird der Prozeß der Ablagerung durch den Alkohol beeinflusst? Kann man ohne Risiko ein Multivitamin-Präparat nehmen? Das Wort Ablagerungen wiederholen Sie mehrmals.«[251] Sieht man von der rein medizinischen Sicht auf das Phänomen ab (so es sich im Falle der sich in Symptome hineinsteigernden Duras überhaupt evidenzbasiert nachweisen ließe), kann man den Begriff der Ablagerungen ebenfalls zur Beschreibung der Form von »M. D.« in Anschlag bringen. Wenn die Schriftstellerin die trostlosen Räume der Klinik in kinematografischer Manier mit Projektionen ihrer Werke und Fantasie überblendet, wenn sich ihren halbrealen, spukhaften Wahrnehmungen Spuren aus ihrer Biografie einschreiben, wenn sich diverse Codes ihrer Literatur in den Dingen bemerkbar machen, so zeugen all diese scheinbar unbewussten und bewussten Vorgänge eben von Ablagerungen. Die unpersönliche Innenarchitektur im Stift in Neuilly, sie wird dabei sukzessive zu Marguerites und Yanns Terrain. Sie nehmen sie in Beschlag und kartografieren sie nach ihrem Gusto für den vorliegenden Text neu.

Dementsprechend nimmt die Fülle an literarischen Überschreibungen des Settings gegenüber der Schilderung des Realen zu. Der gemeinsame Gang durch die sterilen Korridore geht, vergleichbar mit einer Assoziationsmontage bzw.

einem sehr weichen Schnitt, in den Raum einer beginnenden Geschichte über:

»Sie nehmen meinen Arm, wir gehen langsamer vorwärts. Sie sagen: Wir sind auf dem Steg zu einem Passagierdampfer, der hat die gleiche weiße Farbe, überall das gleiche Grau. Ich sage, daß wir durch Europa reisen und daß das Wetter trübe sei. Sie sagen: Man könnte meinen, man sei in einer internationalen Allee, in einem Land, das noch keinen Namen hat. Wir nähern uns dem Zimmer, Sie sagen: Ich muß morgens und abends gehen, ich muß die Angst überwinden.«[252]

Fabulieren als Strategie des Selbsterhalts, Fabulieren als Möglichkeit eines transzendierenden Dialogs, der die kahlen Wände des Krankenhauses sprengt, Fabulieren als Vitalzeit, die nicht der Panik oder dem Schrecken über die ungewisse Zukunft den Vorzug gewährt. Diese sich hier manifestierende Devise hebt die romanhafte Dokumentation der Tage in Neuilly in den Status eines Trostbuches. Am tiefsten Abgrund der Existenz ist, so die Botschaft, das Schreiben nicht nur realisierbar, sondern notwendig. Es ist das einzige Mittel, um dem Zerfasern des Körpers und des Geistes Einhalt zu gebieten. Erzählen summiert, zählt nicht, es fügt sinnhaft zusammen, was ansonsten lose bliebe.

Als Kitt kommt dabei wiederum die Liebe ins Spiel. Yann, der mit Marguerite lacht und weint, Marguerite, die ihm Sorgen bereitet und ihn zugleich über die Alltagstristesse in der Klinik hinwegrettet, indem sie das Krankenhaus zum Hort der Fantasie deklariert. Wie »Diese Liebe« und »Yann Andréa Steiner« offenbart sich »M. D.« als Kammerspiel, das mit wenigen Ausnahmen fast ausschließlich auf der Dramaturgie der engsten Zweisamkeit beruht. Nachdem es mit dem Verlust des Narrativen, mit dem unaushaltbaren Vakuum der sich am Abgrund befindenden erzählerischen

Existenz beginnt, wird die seelische und künstlerische Kohärenz schreibend wiedergefunden, gipfelnd in der postalischen Abgabe der Fahne zu »Die Krankheit Tod« auf der letzten Seite des Romans. »In jedem Augenblick ihres Lebens die ungeteilte Leidenschaft«,[253] bekennt Andréa und zeigt sich vollends verzückt vom erneut spürbaren Schaffensdrang: »Bei jedem geschriebenen Wort immer wieder die erste Liebe. Sie werden zu diesem Wort.«[254] Ihre Antwort sagt alles: »Nur Sie verbinden mich noch mit der Welt.«[255] Yann weiß es und bringt eine ähnliche Intention zum Ausdruck: »Ich schreibe, um Sie in meiner Nähe zu behalten, um die Trennung zu verringern, um Sie vor der Sterblichkeit zu bewahren.«[256]

Was in diesen gegenseitigen Zueignungen spürbar wird, ist die Stilisierung des Schreibens zum Numinosen. Ihm wohnt eine Stärke inne, die jeder Untergangsstimmung trotzt. Es statuiert und macht sichtbar, es schafft und schöpft. Es deutet eine Sphäre jenseits des Reinen und Unverstellten an, in der die Ideen, durchaus mit Anklängen an Platons Höhlengleichnis, zu finden sind. Dass sie sich nicht leicht betreten lässt und keinerlei einfache Rezepte dafür bereitstehen, lässt auch Duras selbst immer wieder durchblicken. »Ich weiß nicht, wer schreibt, ich weiß nicht, was Schreiben ist«,[257] liest man. Auch in Interviews betrieb sie eine Mystifizierung des Schreibens:

»Ich weiß die Dinge nicht, bevor ich sie schreibe. Man schreibt viele Einkaufszettel mit Dingen, an die man denken muss. Ich mache auch Bücher. Ich schreibe auch Zettel, aber ich mache auch Bücher. Wenn es mir zu undurchsichtig wird, was mit mir selbst passiert, mache ich ein Buch. Das sind indirekte Wege, um zum Tod zu gelangen. Man macht immer ein Buch über sich selbst. Egal was die anderen behaupten. Es gibt keine erfundenen Geschichten.«[258]

Diese Einlassungen geben in mehrerlei Hinsicht noch einen vertiefenden Einblick in Duras' Konzeption des literarischen Schreibens. Nachdem sie es zunächst etwas selbstironisch mit dem Verfassen von Zetteln assoziiert, wird die hehre Ambition klar: Gerade wenn sie sich im Ungewissen über sich selbst befand, diente es zur Selbsterforschung und -erkundung. Ilma Rakusa hält in diesem Kontext fest, dass bei der Autorin stets der »Verlust als Schreibimpuls«[259] angesehen werden muss. Die Erfahrungen von Leere und Zurückweisung, von Ignoranz und Liebesentzug erstrecken sich auf ihr gesamtes Leben, beginnend mit der schwierigen Beziehung zu ihrer Mutter, die als »sonderbar und verrückt, heftig und großmütig, furchtbar wie das Leben«[260] beschrieben wird, bis hin zu dem chinesischen Liebhaber und dem Gefühl einer fundamentalen Fremde, als sie kaum volljährig nach Frankreich übersiedelte. Anfangs glaubte sie noch in dem Ort »Duras«, den sie als Pseudonym für ihre Autorschaft wählte, so etwas wie den festen Urgrund ihrer Familie vorzufinden, entstammte doch ihr Vater der kleinen Gemeinde im Département Lot-et-Garonne. Lebelley spricht auch von einer »›Dunkelkammer‹, in der die Negative des Familienalbums unentwickelt liegengeblieben sind«.[261] Zumindest in ihrem Werk »Ein ruhiges Leben« (1944) errichtete sie dieser Landschaft ein kleines Denkmal und erfand überdies jenen Vater, den sie nie hatte. Ihr Zuhause wird sie dort trotzdem längerfristig nicht finden, weder physisch noch seelisch. Duras, diese Heimatlose, die im Herzen noch den Dschungel trug und westlich erzogen wurde, scheint gerade in ihrer späteren Zeit in Paris wie eine Getriebene ihres Begehrens gewesen zu sein. Sie hielt es nur aus, indem sie darüber schrieb, indem sie es eben transformierte. Verliebte sie sich in jemanden, so stimulierte sie das Rätsel des Gegenübers zu ihren Texten. Ging die Beziehung auseinander, motivierte sie gleichsam der Schmerz des Abschieds zu ihnen. Im Schreiben an sich realisierte sich die Liebe in all ihren Facetten, Höhepunkten und Abgründen – ganz im Sinne des performativen Sprachaktes: »Die Liebe. Beschrieben in den Büchern. Beschrieben in den Filmen. Beschrieben in den Theaterstücken. Sobald ein Wort gesagt ist, existiert die Liebe in gewisser Weise.«[262] Man muss sie aussprechen, am besten ohne Punkt, damit sie als dynamische Größe fortwirkt, damit sie endlos und stets wandelhaft bleibt.

Und nach dem Leben? Welche Bedeutung kommt dieser Ausdrucksform dann noch zu? Alle Werke, die in den sechzehn Jahren jener einzigartigen Partnerschaft mit Andréa entstanden, schreiben sich vom Tod her und zum Tod hin. Je mehr Beklemmung Duras verspürte, desto mehr Texte produzierte sie. Noch in den Notaten ihres letzten Lebensjahres 1996 hielt sie am 3. Juli fest: »Ich fühle mich erdrückt vom Leben. Das macht mir Lust zu schreiben.«[263]

Beide Literaten hatten aufgrund des hohen Alters der Autorin das letzte Kapitel ihrer Gefährtenschaft vor sich. Dass aber für sie nicht einmal der Tod die Dyade zu zerstören vermochte, machen die gegenseitigen Würdigungen deutlich. Sie stehen ganz im Zeichen eines Schreibens als transzendenter Fähigkeit. Ein Dialog ist stets zu verwirklichen, selbst zwischen den Sphären des Diesseits und des Jenseits. Zwar fragt Andréa in »Diese Liebe« noch einmal: »Ist die Zeit hier und dort nicht vielleicht radikal verschieden?«[264] Gleichzeitig vermittelt der bestehende Gesprächsfaden wiederum eine Synchronität. Das Du ist selbst Jahre nach dem Tod noch so präsent wie eh und je.

So antwortet Duras unmittelbar auf die Frage: »Ich weiß nicht. Wirklich nicht. Lassen Sie mich, gehen Sie in Ihr Zimmer. Ich will allein sterben, wie jedermann.«[265] Der von Yann erinnerte und verschriftlichte Abschied versteht sich als eine Aufforderung zum Loslassen, zur Befreiung von allem, was Marguerite und ihn ausmachte und verband. Das Geheimnis sollte und musste aber bleiben, sofern man das Schreiben auch als religiösen und mystischen Akt begreift. »Es gibt kein letztes Wort«,[266] konstatiert Andréa daher, »Duras, was ist das? Liebesgeschichten. Die Geschichte von jemandem, der sagt: Lieben.«[267] Obschon der Schriftsteller an dieser Stelle ausspricht, was es ist – die Liebe –, bleibt ihr Wesenskern im Verborgenen. Und zwar in einer an Georges Batailles »*spirituelle* Erotik« erinnernde Konstruktion. Offenbar wird darin »das Streben nach einer Offenheit für die Kontinuität, die nicht mehr von der Begegnung der Partner abhängt und die der individuelle Tod nicht in uns vernichten kann«.[268] Yann und Marguerite umkreisten das Phänomen genauso, wie sie sich gegenseitig umkreisten und somit ihr eigenes Gravitationsfeld bildeten. Gleichzeitig schafften sie für die unterdessen an sie heranrückenden Leser:innen keine völlige Transparenz. Sehr deutlich wird das Zurückhalten des Innersten und Intimsten übrigens an einer Stelle in »C'est tout. Das ist alles«. Am 4. Juli 1996 verzeichnet Duras in ihren Notizen:

»Komm.
Wir müssen über unsere Liebe sprechen.
Wir werden die Worte dafür finden.
Es wird vielleicht keine Worte geben.«[269]

Es war ein Appell an sie beide, an Yann und Marguerite selbst, nämlich das zu Papier zu bringen, was sie seit sechzehn Jahren verband. Doch nicht: gesagt, getan! Denn nun zog die Autorin betont die Grenzen des Sagbaren. Vielleicht weil diese Liebe so exklusiv und groß war, dass man sie nicht in einer Grammatik einfangen konnte. Sie erwies sich als ein Jenseits, als ein Glutkern, dem man sich höchstens annähern, aber den man nicht gänzlich erfassen konnte. Zum

Tragen kam das Prinzip der Duras'schen Wiederholung. Etwas wurde so oft spiralförmig umkreist, bis die Konturen deutlicher, aber nie ganz scharf wurden.

»Bei Duras spielt sich alles so ab, als wäre das Schreiben in seinem Vorrücken ein Sieg über die Abstraktion, über die Gleichgültigkeit (die Ungenauigkeit, die Allgemeinheit) der Abstraktion; als bedauere es das Unfühlbare, das Undefinierbare, die Unklarheit einer Empfindung – als wäre es eine Art und Weise, etwas *in Ordnung zu bringen*«.[270]

Ordnung im Nebulösen? Im kaum mehr Erfassbaren? Am Ende bestand darin die Leistung ihres Schreibens: Indem es vermeintlich von den Gegenständen wegführt, zoomt es zugleich nah an sie heran. Es zeigt Strukturen auf, die so nicht erkennbar sind. Ferner zeichnet es die Dynamik einer absoluten Liebe nach, die immer mäandert zwischen Abstoßung und Anziehung, Ordnung und Rausch. Endet das Schreiben, endet auch die Liebe. Aber da bei Duras schon das Denken nicht vom Schreiben zu trennen ist, kennt auch ihre Liebe keinen Schlusspunkt.

Conclusion

Duras widmete sich *in summa* nie nur insularen Konstellationen von Menschen, sondern erfand ganze Kontinente des Sehens und Sehnens mit ihrer eigenwilligen und betörenden Stilistik. Von »Durasien« ist daher schon zu Lebzeiten die Rede. Bewohnt werden sie von Figuren, die sich nur spärlich öffnen. Sie verharren oftmals in ihrer Anonymität und Distanz, bewegen sich wie hinter Milchglas, sind mehr Kontur als Fülle. Was sie denken und was sie umtreibt, lässt sich oft nur erahnen und zwar genau bis zu jenem Punkt, an dem sich ihre Gefühle eruptiv entladen. Ganz so als würden Vulkane ausbrechen. Ein Schrei geht von der Geschichte um Lol V. Stein aus, ein lauter und nicht versiegender Schrei, der als Hintergrundrauschen noch in vielen weiteren Geschichten zu hören ist. Ähnlich verhält es sich mit dem Zweifeln und Verzweifeln. Beides steht in engem Zusammenhang mit dem historischen Trauma. Es wirkt sowohl in der Frau, die am Ende des Krieges verzweifelt auf ihren Mann wartet, als auch in der Figur der Schauspielerin. Eigentlich wollte Duras einen Film über den Frieden drehen und kann sich doch nicht lösen vom Krieg, der noch immer in ihrem Inneren tobt. In all diesen Frauenfiguren lauert die Liebe in einer Ecke eines großen Raums voller Tretminen. Erst, so die Erkenntnis, wenn sie deren Explosion ausgelöst, sich nochmals mit der Brutalität von einst, der Schuld und

Unschuld befasst haben, erst dann scheint sich die Leidenschaft ihren Weg bahnen zu dürfen.

Als ästhetischen Kanal für derlei Überlagerungen von Vergangenheit und Gegenwart entdeckt die Schriftstellerin das Kino, vor allem wegen der Möglichkeit der Projektionen. Mit Schärfen und Unschärfen können sie auf ungeahnte Tiefen hinweisen – ein Mehrebenenspiel, das gleichsam das Funktionieren der Liebe widerspiegelt. Sie ist immer da, sie muss allerdings werden, bevor sie sich bisweilen und dann zumeist auch nur kurz entfalten kann.

Damit das an sie gekoppelte Begehren sich bis zur Unerträglichkeit auswächst, bedient sich die Autorin konsequent einer Poetik der Aussparung. Ihre Reduktion hegt und bewahrt das Geheimnis. Eben dieses Arkanum kann als das wesentliche Stimulans angesehen werden, das sie selbst zum Schreiben und ihre Leser:innen zur Lektüre motiviert. Es stellt jedoch keine Attitüde dar, darf eben nicht mit Geheimniskrämerei verwechselt werden. Es schützt vielmehr die Liebe vor dem Besitz. Und gehört am Ende niemanden. Wer es im Kosmos der Duras zu haben vermeint, verliert es zumeist wieder binnen kurzer Zeit. Es glüht wie Sand in der Wüste, kaum in die Hand genommen, zerrinnt er zwischen den Fingern. Wohl auch deswegen muten die Texte der Bestsellerautorin so gegenwärtig an. Sie gehen im Augenblick auf. Sie zehren von den Emotionen und Affekten des Hier und Jetzt ihrer Figuren. Und genau aus diesem Grund erscheinen sie uns so wahr. Und doch so einfach. Wahr wie diese kurze Bilanz eines vollen und unfassbaren Lebens:

»Y. A.: Wer sind Sie?
M. D.: Duras, das ist alles.
Y. A.: Was macht sie, die Duras?
M. D.: Sie macht Literatur.«[271]

Anmerkungen

1 Yann Andréa: Diese Liebe, Frankfurt/M. 2000, S. 151.
2 Marguerite Duras: C'est tout. Das ist alles, Frankfurt/M. 1996, S. 34.
3 Ebd., S. 26.
4 Frédérique Lebelley: Marguerite Duras. Ein Leben, Frankfurt/M. 1998, S. 183.
5 Ilma Rakusa: Zur Einführung. In: Dies. (Hg.): Marguerite Duras, Frankfurt/M. 1988, S. 9–13, hier S. 13.
6 Ilma Rakusa: Beschwörungen des Begehrens. Die literarische Welt der Marguerite Duras. In: Marguerite Duras. Die Romane. Mit einem Nachwort von Ilma Rakusa, Frankfurt/M. 2008, S. 1867–1899, hier S. 1870.
7 Dominique Noguez: Die Herrlichkeit der Wörter. In: Ilma Rakusa (Hg.): Marguerite Duras, Frankfurt/M. 1988, S. 88–108, hier S. 89.
8 Ebd., S. 104.
9 Lebelley: Marguerite Duras, a.a.O., S. 12.
10 Ebd., S. 12.
11 Ebd., S. 18.
12 Marguerite Duras: Heiße Küste. In: Dies. Die Romane. Mit einem Nachwort von Ilma Rakusa. Frankfurt/M. 2008, S. 7–219, hier S. 90.
13 Andréa: Diese Liebe, a.a.O., S. 159.
14 Rakusa: Zur Einführung, a.a.O., S. 9–13, hier S. 10.
15 Vgl. Hervé Le Masson im Gespräch mit Marguerite Duras: Die Unbekannte aus der Rue Catinat. Zu »Der Liebhaber«. In: Ilma Rakusa (Hg.): Marguerite Duras, Frankfurt/M. 1988, S. 161–168, hier S. 166.
16 Marc Saporta: Das unvermeidliche Leben der Marguerite D. In: Ilma Rakusa (Hg.): Marguerite Duras, Frankfurt/M. 1988, S. 31–42, hier S. 32.

17 Erscheinungsdaten im Text beziehen sich auf die französischen Erstausgaben.

18 Niklas Luhmann: Darum Liebe. In: Dirk Baecker und Georg Stanitzek (Hg.): Niklas Luhmann: Archimedes und wir. Interviews, Berlin 1987, 61–74, hier S. 74.

19 Vgl. Marguerite Duras: Die Verzückung der Lol V. Stein. In: Dies. Die Romane, Mit einem Nachwort von Ilma Rakusa, Frankfurt/M. 2008, S. 949–1058, hier S. 958.

20 Vgl. ebd., S. 996.

21 Madeleine Chapsal: Tiefer in die Verwirrung. Zu »Die Verzückung der Lol V. Stein«. In: Ilma Rakusa (Hg.): Marguerite Duras, Frankfurt/M. 1988, S. 122–125, hier S. 125.

22 Duras: Die Verzückung der Lol V. Stein, a. a. O., hier S. 965.

23 Ebd., S. 970.

24 Ebd., S. 971.

25 Vgl. ebd., S. 972–973.

26 Vgl. ebd., S. 974–975.

27 Vgl. Georges Bataille: Die Erotik. Neu übersetzt und mit einem Essay von Gerd Bergfleht, Berlin 1994, S. 246 f.

28 Duras: Die Verzückung der Lol V. Stein, a. a. O., hier S. 1014.

29 Ebd., S. 1014.

30 Ebd., S. 1014.

31 Ebd., S. 1017.

32 Ebd., S. 1016.

33 Ebd., S. 1017.

34 Rakusa: Beschwörungen des Begehrens, a. a. O., hier S. 1884.

35 Duras: Die Verzückung der Lol V., a. a. O., hier S. 989.

36 Ebd., S. 991.

37 Ebd., S. 1003.

38 Ebd., S. 1007.

39 Ebd., S. 1001.

40 Ebd., S. 998.

41 Markus 10, 46–52.

42 Niklas Luhmann: Liebe als Passion. Zur Codierung von Intimität, Frankfurt/M. 1994, S. 23.

43 Duras: Heiße Küste, a. a. O., S. 7–219, hier S. 74.

44 Gisela von Wysocki: Anonymität als Eigenschaft. In: Ilma Rakusa (Hg.): Marguerite Duras, Frankfurt/M. 1988, S. 60–87, hier S. 68.

45 Duras: Heiße Küste, a. a. O., hier: S. 74.

46 Ebd., S. 75.
47 Ebd.
48 Ebd., S. 100.
49 Ebd., S. 108.
50 Ebd., S. 123.
51 Ebd., S. 118.
52 Ebd., S. 139.
53 Rakusa: Beschwörungen des Begehrens, a. a. O., hier S. 1871.
54 Ebd.
55 Ebd., S. 1884.
56 Vgl. Marguerite Duras: Der Liebhaber, Frankfurt/M. 1985, S. 15 f.
57 Lebelley: Marguerite Duras, a. a. O., S. 76.
58 Ebd., S. 77.
59 Duras: Der Liebhaber, a. a. O., S. 16.
60 Lebelley: Marguerite Duras, a. a. O., S. 75.
61 Le Masson im Gespräch mit Marguerite Duras, a. a. O., hier S. 166.
62 Vgl. Duras: Der Liebhaber, a. a. O., S. 20 f. und 28 f.
63 Ebd., S. 43.
64 Ebd.
65 Ebd., S. 57.
66 Eva Illouz / Dana Kaplan: Sexuelles Kapital in der Spätmoderne. In: der blaue reiter. Journal für Philosophie. Themenschwerpunkt: Liebe 42 (2 / 2018), S. 42–47, hier S. 44.
67 Duras: Der Liebhaber, a. a. O., S. 59.
68 Ebd., S. 61–62.
69 Ebd., S. 62.
70 Bataille: Die Erotik, a. a. O., S. 17 f.
71 Duras: Der Liebhaber, a. a. O., S. 64.
72 Ebd., S. 65.
73 Ebd.
74 Ebd., S. 70.
75 Vgl. ebd., S. 163.
76 Saporta: Das unvermeidliche Leben der Marguerite D., a. a. O., hier S. 34.
77 Duras: Der Liebhaber, a. a. O., S. 106.
78 Ebd., S. 156.
79 Ebd., S. 105.
80 Vgl. ebd., S. 140.

81 Siegfried Reusch: Editorial: Gefühl oder Vernunft? In: der blaue reiter. Journal für Philosophie. Themenschwerpunkt: Liebe 42 (2 / 2018), S. 4–5, hier S. 4.
82 Duras: Der Liebhaber, a. a. O., S. 166.
83 Vgl. ebd., S. 182.
84 Vgl. Marcelle Marini: Eine Frau, die nichts zu gestehen hat. Zu »Der Liebhaber«. In: Ilma Rakusa (Hg.): Marguerite Duras, Frankfurt/M. 1988, S. 168–184, hier S. 182.
85 Andréa: Diese Liebe, a. a. O., S. 142.
86 Duras: Der Liebhaber, a. a. O., S. 183.
87 Ebd., S. 167.
88 Ebd.
89 Ebd., S. 166.
90 Ebd., S. 168–169.
91 Bataille: Die Erotik, a. a. O., S. 233 f.
92 Vgl. Duras: Der Liebhaber, a. a. O., S. 187.
93 Ebd., S. 193.
94 Ebd.
95 Marguerite Duras: Das tägliche Leben. In: Ilma Rakusa (Hg.): Marguerite Duras, Frankfurt/M. 1988, S. 17–27, hier S. 18.
96 Ernst Bloch: Das Prinzip Hoffnung. Kapitel 1–32, Frankfurt/M. 1985, S. 225.
97 Lebelley: Marguerite Duras, a. a. O., S. 256.
98 Ebd., S. 279.
99 Vgl. ebd., S. 278.
100 Ebd., S. 185.
101 Vgl. ebd., S. 123.
102 Ebd., S. 124.
103 Marguerite Duras: Der Schmerz, Berlin 2015, S. 42.
104 Noguez: Die Herrlichkeit der Wörter, a. a. O., S. 93.
105 Duras: Der Schmerz, a. a. O, S. 37.
106 Ebd., S. 17.
107 Ebd., S. 62.
108 Ebd., S. 74.
109 Ebd., S. 70.
110 Ebd., S. 80.
111 Vgl. Noguez: Die Herrlichkeit der Wörter, a. a. O., hier S. 89–90.
112 Lebelley: Marguerite Duras, a. a. O., S. 146–147.

113 Helga Meise: Der ekstatische Blick. Zur literarischen Sprache der Marguerite Duras. In: Ilma Rakusa (Hg.): Marguerite Duras, Frankfurt/M. 1988, S. 76–87, S. 76.

114 Marguerite Duras: Hiroshima mon amour, Frankfurt/M. 1961, S. 7.

115 Ebd., S. 29.

116 Ebd., S. 8.

117 Noguez: Die Herrlichkeit der Wörter, a. a. O., S. 88–108, hier S. 95.

118 Roland Barthes: Fragmente einer Sprache der Liebe, übersetzt von Hans-Horst Henschen, Berlin 2014, S. 19–20.

119 Duras: Hiroshima mon amour, a. a. O., S. 9.

120 Vgl. Daniel Just: The Poetics of Elusive History: Marguerite Duras, War Traumas, and the Dilemmas of Literary Representation. In: The Modern Language Review, Jg. 107 (2012) H. 4, S. 1064–1081, hier S. 1069.

121 Ebd., S. 1067.

122 Duras: Hiroshima mon amour, a. a. O., S. 58.

123 Ebd.

124 G. W. Hegel: Vorlesungen über die Ästhetik II. In: Hegel. Werke, Bd. 14., hg. von Eva Moldenhauer und Karl Markus Michel, Frankfurt/M. 1986, S. 155.

125 Barthes: Fragmente einer Sprache der Liebe, a. a. O., S. 20.

126 Duras: Hiroshima mon amour, a. a. O., S. 59.

127 Lebelley: Marguerite Duras, a. a. O., S. 200.

128 Duras: Hiroshima mon amour, a. a. O., S. 73.

129 Vgl. Just: The Poetics of Elusive History, a. a. O., hier S. 1076.

130 Duras: Hiroshima mon amour, a. a. O., S. 78.

131 Ebd., S. 79.

132 Ebd., S. 83.

133 Vgl. Just: The Poetics of Elusive History, a. a. O., hier S. 1068.

134 Rakusa: Beschwörungen des Begehrens, a. a. O., hier S. 1877.

135 Michel Foucault und Hélène Cixous: Zu Marguerite Duras. In: Ilma Rakusa (Hg.): Marguerite Duras, Frankfurt/M. 1988, S. 43–52, hier S. 43.

136 Marguerite Duras: Die Pferdchen von Tarquinia, Frankfurt/M. 1960, S. 32.

137 Ebd., S. 165.

138 Vgl. ebd., S. 55.

139 Ebd., S. 95.

140 Ebd., S. 99.

141 Ebd., S. 100.
142 Vgl. ebd., S. 107.
143 Ebd., 119.
144 Ebd.
145 Ebd., S. 146.
146 Ebd., S. 148.
147 Wysocki: Anonymität als Eigenschaft, a. a. O., S. 71.
148 Ruben Zacharias: Die Liebe, der Terror und das Meer. Das Totalitäre der Romantik. In: der blaue reiter. Journal für Philosophie. Themenschwerpunkt: Liebe 42 (2 / 2018), S. 69–70, hier S. 70.
149 Duras: Die Pferdchen von Tarquinia, a. a. O., S. 161.
150 Ebd., S. 165.
151 Ebd., S. 194.
152 Marguerite Duras: Agatha. Atlantik Mann, Reinbek bei Hamburg 1987, S. 16.
153 Ebd., S. 18.
154 Ebd., S. 19.
155 Bataille: Die Erotik, a. a. O., S. 90.
156 Duras: Agatha, a. a. O., S. 31.
157 Ebd.
158 Ebd.
159 Ebd., S. 18.
160 Ebd., S. 19.
161 Ebd., S. 21.
162 Ebd., S. 22.
163 Ebd., S. 26.
164 Ebd.
165 Ebd., S. 30.
166 Ebd., S. 38.
167 Ebd.
168 Ebd.
169 Vgl. Margret Brügmann: Der Traum einer verlorenen Kindheit. In: Ilma Rakusa (Hg.): Marguerite Duras, Frankfurt/M1988, S. 134–149, hier S. 135.
170 Duras: Agatha, a. a. O., S. 35.
171 Ebd., S. 38.
172 Ebd., S. 40.
173 Ebd.
174 Ebd., S. 43.

175 Ebd., S. 48.
176 Ebd., S. 22.
177 Ebd., S. 23.
178 Ebd., S. 48.
179 Ebd.
180 Vgl. Brügmann: Der Traum einer verlorenen Kindheit, a. a. O., hier S. 137.
181 Ebd., S. 143.
182 Vgl. Helga Finter: Vom Theater des Wortes, das fehlt … In: Ilma Rakusa (Hg.): Marguerite Duras, Frankfurt/M 1988, S. 235–248, hier S. 238.
183 Ebd., S. 245.
184 Duras: Agatha, a. a. O., S. 48.
185 Ebd.
186 Ebd., S. 48–49.
187 Ebd., S. 49.
188 G. W. Hegel: Frühe Schriften I. Werke, Bd. 1., hg. von Eva Moldenhauer und Karl Markus Michel, Frankfurt/M. 1986, S. 244.
189 Marguerite Duras: Yann Andréa Steiner, Berlin 2000, S. 14.
190 Ebd., S. 7.
191 Vgl. ebd., S. 16.
192 Ebd., S. 11.
193 Ebd., S. 12.
194 Ebd., S. 19.
195 Vgl. ebd., S. 21.
196 Vgl. ebd., S. 27.
197 Ebd., S. 53.
198 Ebd.
199 Ebd., S. 34.
200 Ebd., S. 42.
201 Ebd., S. 49.
202 Ebd., S. 60.
203 Ebd., S. 77.
204 Ebd., S. 93.
205 Ebd.
206 Andréa: Diese Liebe, a. a. O., S. 7.
207 Ebd., S. 21.
208 Ebd., S. 24.
209 Ebd., S. 23.

210 Ebd., S. 31.
211 Ebd., S. 22.
212 Ebd., S. 29.
213 Beide Zitate: Ebd., S. 48.
214 Ebd., S. 76.
215 Ebd., S. 37.
216 Ebd., S. 69.
217 Ebd.
218 Ebd., S. 139.
219 Vgl. Doris Kolesch / Gertrud Lehnert: Marguerite Duras, München 1996, S. 137.
220 Andréa: Diese Liebe, a. a. O., S. 166.
221 Ebd., S. 167.
222 Ebd., S. 38.
223 Ebd., S. 39.
224 Ebd., S. 27.
225 Vgl. ebd., S. 49.
226 Ebd., S. 58.
227 Ebd., S. 68.
228 Lebelley: Marguerite Duras, a. a. O., S. 178.
229 Angelika Krebs: »I gave my heart / but she wanted my soul«. Liebe als Dialog. In: der blaue reiter. Journal für Philosophie. Themenschwerpunkt: Liebe 42 (2/2018), S. 6–11, hier S 11.
230 Ebd., S 11.
231 Andréa: Diese Liebe, a. a. O., S. 72.
232 Duras: Das tägliche Leben, a. a. O., hier S. 20.
233 Vgl. ebd., S. 21.
234 Ebd., S. 20.
235 Ebd., S. 22.
236 Ebd., S. 23.
237 Yann Andréa: M. D. Berlin 1986, S. 18.
238 Ebd., S. 35.
239 Ebd., S. 25.
240 Vgl. ebd., S. 29.
241 Ebd., S. 47.
242 Vgl. ebd., S. 61.
243 Ebd., S. 80.
244 Ebd., S. 62.
245 Ebd., S. 62.

246 Ebd., S. 62.
247 Ebd., S. 62.
248 Vgl. ebd., S. 112.
249 Ebd., S. 67.
250 Ebd., S. 83.
251 Ebd., S. 91.
252 Ebd., S. 93–94
253 Ebd., S. 133.
254 Ebd., S. 133.
255 Ebd., S. 133.
256 Ebd., S. 138.
257 Andréa: Diese Liebe, a. a. O., S. 27.
258 Pierre Assouline: Schreiben oder sterben – Das Jahrhundert der Marguerite Duras. Eine Dokumentation, Straßburg 2014, 52 Min., hier Min. 0:59–1:37.
259 Rakusa: Beschwörungen des Begehrens, a. a. O., hier S. 1868.
260 Lebelley: Marguerite Duras, a. a. O., S. 106.
261 Ebd., S. 87.
262 Andréa: Diese Liebe, a. a. O., S. 143 f.
263 Duras: C'est tout, a. a. O., S. 33.
264 Andréa: Diese Liebe, a. a. O., S. 137.
265 Ebd.
266 Ebd., S. 158.
267 Ebd.
268 Bataille: Die Erotik, a. a. O., S. 289.
269 Duras: C'est tout, a. a. O., S. 35.
270 Noguez: Die Herrlichkeit der Wörter, a. a. O., hier S. 95.
271 Duras: C'est tout, a. a. O., S. 21.

— edition essay —

1
Heribert Tommek:
Flecken
Walter Höllerer und die Epiphanien der Moderne
190 Seiten

2
Simon Sahner:
Gegen die Fußgängermentalität
Deutsche Beat- und Undergroundliteratur
140 Seiten

3
Wolfgang Martynkewicz:
Amerika erzählen
Besuche in der Neuen Welt – von Sartre bis Adorno
140 Seiten

4
Björn Hayer:
Grenzenlose Passion
Die Liebe bei Marguerite Duras
115 Seiten